AI 커뮤니케이션 혁명

인공지능총서

인공지능 시대입니다. 기계가 인간의 인지를 대신하고, 사물이 인간을 통하지 않고 다른 사물과 직접 커뮤니케이션합니다. 이에 따른 인간 삶과 문명 변화를 정확히 이해·예측·대응하는 것은 이 시대 우리 모두의 과제입니다. 인공지능총서는 인공지능 기술과 환경의 여러 주제를 10가지 키워드로 정리합니다. 관련 개념과 이론, 학계와 산업계의 쟁점, 우리 일상의 변화를 다룹니다. 인간과 기술의 현재, 미래를 세심히 분석합니다.

일러두기

- 인명, 작품명, 저서명, 개념어 등은 한글과 함께 괄호 안에 해당 국가의 원어를 병기했습니다.
- 외래어 표기는 현행 어문규정의 외래어표기법을 따랐습니다.

처음이세요?

전문가세요?

AI 커뮤니케이션 혁명

박성호

대한민국, 서울, 커뮤니케이션북스, 2025

AI 커뮤니케이션 혁명

지은이 박성호
펴낸이 박영률

초판 1쇄 펴낸날 2025년 5월 30일

커뮤니케이션북스(주)
출판 등록 2007년 8월 17일 제313-2007-000166호
02880 서울시 성북구 성북로 5-11
전화(02) 7474 001, 팩스(02) 736 5047
commbooks@commbooks.com
www.commbooks.com

ISBN 979-11-430-0316-4 03500

책값은 뒤표지에 표시되어 있습니다.

차례

AI는 메시지다

캐나다의 커뮤니케이션 학자 마셜 매클루언(Marshall McLuhan)은 "미디어는 메시지다(The Medium is the Message)"라는 유명한 명제를 남겼다. 이 명제는 미디어 자체가 전달하려는 콘텐츠보다 더 중요한 영향을 미친다는 의미를 담고 있다. 매클루언은 사람들이 흔히 미디어의 '내용(메시지)'에만 집중하지만, 실은 미디어 자체가 사회와 인간의 인식 방식에 더 큰 영향을 미친다고 주장했다. 즉, 미디어의 형식과 특성이 인간의 사고와 행동을 결정짓는다는 것이다. 예를 들어 TV(미디어)는 뉴스를 전달하는 형식 자체로 사람들의 사고방식을 바꾼다는 의미다. 즉, TV는 짧고 빠른 정보 소비에 익숙해지도록 만들고, 사람들의 사고방식도 논리에서 감각 중심으로 바꿨다. 마찬가지로 스마트폰 역시 단순한 도구가 아니라, 우리의 커뮤니케이션 방식과 사회적 관계 자체를 변화시키는 핵심이며, 인공지능(AI) 역시 새로운 변화의 미디어다. 매클루언은 새로운 미디어가 나타날 때는 아주 뚜렷한 변화의 방향을 지시한다고 말한다. 구텐

베르크의 인쇄술(책)은 대량 출판을 가능하게 했고, 사람들에게 개별적이고 논리적인 사고방식을 발전시키게 했다. 반면 인터넷과 스마트폰은 즉각적이고 단편적인 사고를 유도하며, 사람들을 깊이 있는 사고보다 빠르고 짧은 정보(뉴스, SNS, 숏폼)에 익숙해지게 한다. 이것은 자기가 보고 싶은 것만 보고, 듣고 싶은 것만 듣는 '확증편향(confirmation bias)' 현상을 가속화시켜 극심한 양극화나 사회적 분열 또는 문화의 파편화 현상을 보이기도 한다.

결국 AI는 단순한 도구가 아니라, 우리의 사고방식, 소통 방식, 정보 소비 방식, 삶의 방식을 바꾸는 강력한 미디어고, 메시지다. 챗봇과 AI 비서가 인간과의 대화를 대체하면, AI와의 대화 방식에 익숙해지고, 인간 커뮤니케이션 자체도 변할 것이다.

AI가 이끄는 커뮤니케이션 혁명

1970년대 말 영국에서 전화와 TV 수상기를 결합해 만든 비디오텍스(Videotex)는 프랑스에서 미니텔(Minitel)로, 그리고 미국에서는 인터넷으로 발전, 대중화되면서 사회의 정보화가 시작되었다. 이렇게 출발한 인터넷은 트위터, 페이스북, 유튜브, 인스타그램, 텔레그램 등 수많은 소셜 네트워크 서비스(SNS)로 확산되면서 사회적 커뮤니케이션 시스템들을 변화시켜 왔다. 특히 이러한 정보화는 휴대전화가 개인화되고, 컴퓨터와 반도체 기술이 고도화되면서 PC, 노트북 또는 지능화된 스마트폰 등으로 발전하였다. 그리고 스마트폰으로 다양한 상품 구매나 각종 예약, 문의 등 대부분의 일상적인 일들을 처리하는 스마트폰 시대가 되었다. 이제는 인공지능의 등장으로 또 다른 혁명적 변화를 맞고 있다. 특히 일상의 필수품이 된 노트북이나 스마트폰에 AI 기능을 적용하는 '온 디바이스(On-Device) AI'는 일상생활에서 AI의 활성화를 촉진하고 있다. 이러한 AI는 우리의 일상을 자동화, 개인화, 맞춤화해 사회 시스템을 편리하고 효율적으로 혁신하고, 또 AI는 인간이 하던 대부분의 노동을 대신함으로써 노동의 종말을 맞을 수도 있다. 결국 이러한 서비스들은 AI 비서나 AI 에이전트, AI 로봇, 자율주행 자동차 등으로 생활에 활용되면서 삶의 방식에도 큰 변화를 주고 있다. 특히 AI는 모든 기계에게 지능을 부여하고 있고, 서로 소통하는 '기계 커뮤니케이션 시대'를 열고 있다. 결국 AI 커뮤니케이션 혁명이란 기계가 인간처럼 도구를 사용해 커뮤니케이션을 하는 이러한 문명사적 변화를 의미한다. 예를 들어 '다음 주 출장 일정 잡아 줘'라고 말하면, AI 에이전트(비서)는 캘린더를 확인하고, 항공권을 검색한 뒤 예약하고 결제까지 처리하는 등 여러 단계의 업무를 수행하는 데 필요한 도구를 사용해야 한다. 이때 AI 에이전트는 항공권 검색 에이전트, 예약 및 결제 에이전트 등과 유기적으로 협력해야 한다. 궁극적으로는 이러한 업무를 실현하기 위해서 모든 기계와 설비들은 AI를 갖춘 로봇이나 사물인터넷(IoT)으로 진화해야 할 것이다. AI 커뮤니케이션 기술은 챗(Chat)GPT 출현 이래로 눈부시게 발전하고 있으며, 앞으로 이러한 현상은 더욱 다양한 분야에서 폭발적으로 늘어나게 될 것이다.

사실 오픈AI가 챗GPT를 2022년 말에 출시한 이후 미국의 빅테크 기업들은 AI 에이전트의 개발 경쟁에 돌입했다. 그리고 그사이 오픈AI는 GPT-1, 2, 3, 4에 이어 GPT-4o(포오)나 GPT-o1(오원)까지 성능을 높여가고 있다.

AI가 발전하고 있는 최근 흐름을 살펴보면, 다음과 같이 다섯 가지 정도로 요약할 수 있다. AI 기술의 발전과 새로운 AI 모델들의 개발은 첫째, 거의 모든 소프트웨어들이 AI와 연동되면서 AI가 운영 체제(OS)처럼 활용되고 있다. 이 같은 현상은 AI가 보다 복잡한 업무를 처리하기 위해 요구되는 현상이기도 하다. 둘째, 생성형 AI는 텍스트뿐 아니라 이미지, 동영상, 오디오 등 멀티모달이 기본이 되고 있다. 셋째, AI가 점차 더 작아지고, 빨라지고, 저렴해지고 있다. 거대한 데이터 센터를 기반으로 하던 AI가 점차 온 디바이스 AI 폰이나 AI 가전(家電) 또는 AI 내장 PC처럼 소규모 단위로 이용되거나 성능이 높아지고 있다. 넷째, AI 비서로 불리는 AI 에이전트 개발에 글로벌 빅테크들이 치열하게 경쟁하고 있다. 다섯째, 인간형 로봇인 휴머노이드(Humanoid)가 AI와 결합하면서 발전의 속도가 급속히 빨라지고 있다 등이다(박태웅, 2024).

오픈AI가 챗GPT을 공개한 이후 수많은 사람들이 AI에 열광하는 현상이 나타났고, 이러한 현상은 오픈AI의 모델 개발 속도를 높이고 있다. 예를 들어 2023년에는 GTP-3과 GTP-4를 발표했고, 2024년에 GPT-o1, o3(오쓰리) 그리고 영상 제작의 신기원을 일으켰다는 영상 제작 모델 '소라(Sora)'을 정식으로 출시했는데, 이들 모델들은 아주 성능이 좋은 것으로 평가된다. 특히 GPT-o1, GTP-o3는 성능이 이미 인간의 지능과 같다는 범용 인공지능(AGI) 수준을 넘어섰다는 평가도 있다. 그리고 AGI를 넘어서면 인간의 지능을 초월한다는 '초인공지능

(ASI)'에 도달하게 된다. 이러한 AI 기술들은 교육, 의료, 바둑, 가전 등 모든 생활에 스며들어 삶의 방식들을 바꾸고 있다.

영상 제작 모델 '소라'의 사례

오픈AI가 2024년 12월에 정식으로 출시한 동영상 생성형 AI '소라'가 영상 제작과 광고 홍보 분야에 충격을 주고 있다. 소라는 단순한 텍스트 입력만으로 한 번에 최대 20초 길이의 영상을 생성할 수 있는데, 1080픽셀 해상도의 고화질 영상도 만들 수 있고, 영상의 확장과 변형까지 가능하다. 소라는 텍스트, 이미지, 영상 등 다양한 입력 방식을 지원하고, 크리에이터는 자신의 아이디어를 가장 효과적으로 표현할 방법을 선택할 수 있다. 예를 들어 텍스트 프롬프트(명령어 입력 틀)로 영상의 기본 구조를 만들고, 이미지를 통해 특정 장면의 분위기를 설정하거나, 기존 영상을 활용해 새로운 장면을 추가할 수 있다. 또 기존 영상의 확장이나 리믹스도 가능해 완전히 새로운 콘텐츠를 창작하는 것뿐만 아니라 기존 콘텐츠를 재해석하고 발전시키는 것도 가능하다(류한석, 2024). 지금까지는 고품질 영상을 제작하기 위해 고가의 장비와 전문 인력이 필수적이었다. 하지만 소라의 등장으로 며

칠 혹은 몇 주가 걸리던 영상 제작이 이제는 몇 시간, 때로는 단 몇 분 만에 완성될 수 있다. 예를 들어 새로운 제품 출시나 이벤트 홍보를 위해 소라를 활용하면, 과거에는 상상할 수 없었던 속도로 고품질의 홍보 영상을 제작할 수 있다. 이는 시간이 핵심인 뉴스 미디어 또는 디지털 마케팅 분야에서 큰 가치를 지니고 있다. 특히 소라는 광고 및 홍보 마케팅 분야에서 크게 활용할 수 있는데, 방대한 데이터를 기반으로 개인의 취향과 관심사를 분석해 그에 꼭 맞는 광고 영상을 자동으로 생성해 제공할 수 있기 때문이다. 엔터테인먼트 산업에서는 영화, 드라마, 게임 제작 시 특수 효과가 필요한데, 이러한 장면들을 저렴한 비용으로 신속하게 제작할 수 있어서 제작비용 절감과 효율성 향상에 크게 기여할 수 있다. 특히 독립 영화 제작자들이 고비용의 특수 효과나 로케이션 촬영 없이도 고품질의 영상을 제작할 수 있게 되어 제작비용을 크게 줄일 수 있다.

한편 미국 독립연구소에서 개발한 이미지 생성 모델, '미드저니(Midjourney)'는 사용자가 요구하는 텍스트를 프롬프트에 입력하면 이를 기반으로 새로운 이미지를 생성하는 모델이다. 챗GPT로 시나리오를 쓰고, 미드저니로 주요 이미지를 만들고, 소라로 영상을 제작하면 금

방 영화 한 편을 제작할 수 있다. 이제 상상력만 있으면 영화를 만들 수 있는 시대가 되었다. 기존 영화는 시나리오 작성부터 제작, 연출 등에 막대한 자금과 인력을 투입해야만 제작할 수 있었던 영화의 패러다임에서 돈이 없어도 영화를 제작하는 시대가 되었다. 이러한 AI의 혁신적 기술이 가져올 영상 제작 분야의 생태계 변화는 지금까지 인류가 겪어보지 못한 패러다임의 대전환이라고 할 수 있다.

AI 윤리와 사회적 위험론

지금까지 AI에 대해 갖는 위험론은 AI 기술의 발전이 초래할 수 있는 실체적 위험과 사회적 위험 그리고 잠재적인 부작용에 대한 논의들이다. AI가 사회 시스템의 통제권을 갖거나 인류를 멸망시키는 등의 실존적 위험은 기술이 가치중립적이라는 점에서 인간의 악의적 의도와 관계된다. 즉 이러한 실존적 위험의 경우는 사악한 인간의 욕망으로 AI가 사악하게 이용되는 경우에 한해 발생할 수 있다는 것이다.

지금까지 지적된 AI의 사회적 위험과 부작용에 대해 다음과 같이 정리할 수 있다. 첫째, AI가 예측하지 못한 방식으로 작동하거나 잘못된 데이터로 인해 의도하지

않은 결과를 초래할 수 있다. 둘째, AI를 군사적 목적으로 사용할 경우, 인간의 통제를 벗어난 무기 시스템이 만들어질 가능성이 있다. 셋째, 자율주행 자동차 등 AI 시스템이 잘못된 판단을 내릴 경우, 심각한 사고를 유발할 수 있다. 넷째, AI는 생산성을 높일 수 있지만, 이것은 동시에 인간의 노동을 대체하기 때문에 일자리 감소와 소득 불균형을 초래할 수 있다. 다섯째, AI 기술에 접근할 수 있는 기업과 국가가 더 큰 부를 축적할 수 있기 때문에 국가 및 집단 간 경제적 격차가 심화될 수 있다. 여섯째, AI는 학습 데이터의 편향성을 그대로 반영해 사용자가 선호하는 편향적인 결과를 나타낼 수 있다. 일곱째, AI가 대량의 데이터를 수집 및 분석하는 과정에서 개인정보가 유출될 가능성이 있다. 여덟째, AI 기술이 소수의 기업이나 정부에 의해 독점적으로 사용될 경우, 사회적 통제나 감시가 강화될 위험이 있다. 아홉째, AI 기술 소유자가 막대한 영향력을 행사하는 정치적, 경제적 불평등이 확대될 수 있다. 열째, 인간 지능을 능가하는 초지능 AI가 등장할 경우 인간의 통제를 벗어날 수 있다.

이에 대한 해결 방안으로는 AI의 개발과 사용에 대한 윤리적 가이드라인이나 법적 장치를 마련하고, 규제하는 초국가적인 AI 위험 관리 시스템이나 국제기구가 필요하다는 제안들이 제시되고 있다. 특히 AI 리터러시를 교육 시스템에 포함하고, AI의 위험에 대한 대중의 인식 제고와 책임 있는 사용 방법을 교육토록 해야 한다는 점이 강조되고 있다.

AI 커뮤니케이션 혁명의 진정한 의미

AI가 이끄는 커뮤니케이션 혁명은 모든 기계에게 고도의 인간 지능을 부여하는 지능 정보화 혁명이거나 또는 기계가 커뮤니케이션의 주체가 되는 기계 커뮤니케이션 혁명일 수 있다.

이러한 AI 커뮤니케이션 혁명을 여러 가지 사회적 변화와 특징들로 설명할 수 있지만, 가장 큰 변화 중의 하나는 무엇보다도 AI가 인간의 모든 생활환경에 스며들고 있고, 인간과 같은 수준의 지능에서 스스로 추론하는 범용 인공지능으로 발전하면서 예술 창작에까지 개입하고 있다는 점이다. 매년 1월에 열리는 세계 최대 IT 가전 전시회(CES)가 있다. 라스베이거스에서 열린 'CES 2025'에서 선보였던 상품과 서비스의 공통점은 AI로 집약된다. 즉, 인간을 육체노동에서 해방시켜 주는 기술이나 질병의 사전 진단과 치료를 통해 인간 수명을 '120세 시대'로 앞당겨주는 기술 등 모두가 AI를 기반으로 하고 있다는 것이다. 또 CES 2025의 주요 테마는 기계 커뮤니케이션망을 암시하는 '초연결 AI'인데, AI 기술을 활용해 가전과 사람 간 연결을 통해 편리함과 효율성을 극대화하는 서비스가 대거 출품되었다.

결국 AI 커뮤니케이션 사회는 AI가 인간을 육체노동에서 해방시켜 주고, 모든 질병에서 벗어날 수 있도록 인간과 인간 그리고 인간과 기계, 기계와 사물간의 커뮤니케이션이 가능한 AI 기반 초연결 사회 시스템을 말하지만, 이러한 초연결 사회라도 「카톡 금지법」이라고 불리는 '연결되지 않을 권리(right to disconnect)'는 보장되어야 한다는 것이 최근 추세다. 프랑스는 2017년 세계 최초로 노동 법전에 연결되지 않을 권리를 인정했다. 50인 이상 기업은 근로자에게 스마트폰, 모바일 메신저 알림 등을 거부할 권리를 부여해야 한다. 우리나라에서도 2024년 7월 「근로기준법」 개정안에서 근로자의 휴식권을 침해하는 것을 금지했고, 근로 시간 외 업무 지시에 따른 근로를 근로 시간으로 간주하는 것을 명문화했다. 특히 직장 상사가 근무 시간 외에 지나치게 자주 근로자에게 연락하면 직장 내 괴롭힘으로 인정되거나 징계 사유에 해당될 수 있다.

일상을 지배하는 AI폰

요즘 스마트폰 없는 일상을 상상하기 어렵다. 아침에 일어나면 제일 먼저 스마트폰부터 살펴보는 것이 일상화되었다. 더욱이 AI 시대란 AI 스마트폰의 등장으로 이제 일상의 모든 일들이 스마트폰 안에서 이루어지는 'AI 기반 스마트폰 시대'를 의미하기도 한다. 그러면 이러한 AI 스마트폰 시대가 산업혁명 이후 인류가 추구해 왔던 삶의 질(Quality of life. QOL)에 어떠한 영향을 미칠 것인가? AI 사회가 과연 인류가 바라는 유토피아가 될 것인가? 아니면 조지 오웰의 『1984』에서처럼 감시받는 디스토피아가 될 것인가? 이에 대한 실질적이고 종합적인 연구와 논의가 절실히 요구되기도 한다. 특히 이러한 AI 시대에 일상생활의 질이나 삶의 질을 높이기 위해서는 국가적 차원의 정보통신(ICT) 정책뿐만 아니라 기업이나 또는 개인들의 일상에서 커뮤니케이션 전략들이 요구된다. 결국 AI는 인간에게 유용하고 이로운 혜택을 주어야 한다는 '아실로마 AI 원칙(Asilomar AI Principles)'에 따라 AI는 초연결 사회에서 인간 삶의 질에 기여하는 차원에서 활용되어야 할 것이다.

AI 서비스(챗GPT)의 활용

이 책을 쓰면서 챗GPT을 활용하려고 챗GPT-3.5에게 "AI가 커뮤니케이션 혁신에 미치는 영향을 작성해 달라"고 입력했더니 답변이 네이버나 구글의 검색 서비스와는 비교가 되지 않는 기대 이상의 답변 내용들을 주제별로 나눠서 보고서 형식으로 작성해 주었다. 하지만 챗GPT 사용에서 주의할 점은 AI의 잘못된 사실이나 '멀쩡한 거짓말', 즉 할루시네이션(Hallucination)을 조심해야 한다는 점이다. 할루시네이션은 AI가 가끔 잘못된 정보를 말하거나 존재하지도 않는 근거 자료를 제시한다는 것이다(박태웅, 2024). 챗GPT는 5조(兆) 개의 문서나 데이터로 학습해 잠재적 패턴을 찾아낸 다음, 그 패턴을 이용해 주어진 단어를 보고 그다음에 올 '가장 그럴 듯한' 단어를 찾는 방식으로 작업을 하는데, 말하자면 챗GPT는 참인지 거짓인지를 답하는 것을 배운 게 아니라, '가장 그럴듯한 말'을 내놓도록 학습을 했기 때문에 그럴듯한 거짓 답변이 있을 수 있다는 것이다.

사실, AI의 발전 단계는 대규모 언어 모델(LLM. Large Language Model), 대규모 멀티모달 모델 (LMM. Large Multimodal Model), 대규모 행동 모델(LAM. Large Autonomous Model) 등으로 이어지는 모델 발달사이기

도 하다(이수화, 2025). 대규모 언어 모델(LLM)은 텍스트를 처리하는 데, 질의응답, 텍스트 생성, 번역, 요약 등 언어 중심의 작업에 뛰어나며, 챗GPT, BERT, PaLM 등이 대표적인 사례들이다. 챗GPT 출시 이후 LLM의 수준은 전문가의 지식과 추론 능력을 능가하는 수준으로 발전했다. 대규모 멀티모달 모델(LMM)은 텍스트에 더해 이미지, 음성, 영상을 처리한다. 활용 분야로는 예술 창작, 의료 영상 분석, 자율주행, 음성 비서 등이며, 오픈AI의 GPT-4(멀티모달 버전), DeepMind의 Flamingo 등이 여기에 해당된다. 또 대규모 행동 모델(LAM)은 여기에 행동을 추가했다. 이것은 앞의 LLM과 LMM의 기술들을 통합하며, 로봇으로 발전하고 있다. 로봇은 LAM 덕분에 사고뿐만 아니라 물리적인 행동까지 가능하다. AI는 이제 물리적인 실제 세계와 상호작용하며 작동한다. 물리적 환경에서 작동하는 AI 시스템을 '물리적(physical) AI'라고 하는데, 휴머노이드(인간형 로봇)는 '디지털 트윈'(현실과 똑같이 만든 가상 환경) 기술로 이러한 물리적 AI 학습을 한다. 특히 테슬라, 구글, 오픈AI, 애플 등 빅테크들이 휴머노이드 경쟁에 참전하면서 모델 경쟁이 물리적 AI로 확장되고 있고, 또 빅테크들의 참전으로 로봇에 AI를 적용하는 기술도 빠르게 진화하고 있다. 이렇게 로봇 기술의 혁명적 도약을 입증이나 하듯이, 반도체 기업 엔비디아(NVIDIA)는 물리적 AI 개발 플랫폼인 '코스모스(Cosmos)'를 발표했다. 코스모스는 자율주행 자동차와 로봇 등 물리적 AI 시스템 개발을 가속화하기 위해 설계된 플랫폼이다.

LAM을 통해 휴머노이드는 인간의 행동 패턴을 학습하고, 독립적인 동작을 수행하며, 나아가 적응력을 발휘해 스스로 동작을 수정하고, 환경에 적응한다. 특히 휴머노이드는 인구 감소와 노동력 부족, 노령화에 따른 복지 수요 증대 같은 사회적 난제들을 해결하는 데 기여할 것으로 평가되고 있다.

AI 시대 삶의 질의 요소들

AI가 인류의 바람대로 잘 통제가 될 것으로 전제하면 AI는 인류의 삶에 아주 유용한 도구가 될 수 있다. 예를 들어 아주 유능한 개인 AI 비서를 두고서 잡무나 노동을 대신하게 하거나 또는 인간의 동반자로서 친구나 연인으로서 인류와 함께 새로운 커뮤니케이션 삶의 질의 문명을 가꾸어 갈 수 있기 때문이다.

사실 서구에서 삶의 질(QOL)에 대한 연구는 산업혁명 이후 급속한 도시화와 공업화에 따른 환경의 오염이나 사회적 각박함, 교통 체증 등 번잡한 도시화, 이에 따른 우범 지대나 도시의 슬럼화가 삶을 오히려 악화시킨다는 사실에 관심을 가지기 시작했고, 이에 대한 연구가 시작되었다. 이러한 삶의 질에 대한 연구는 초기에는 생활환경을 평가할 수 있는 경제 수준(GDP)이나 1인당 공원 면적, 인구나 생활 면적당 학교 수, 병의원 수, 경찰의 수, 자가용 보급 대수 등이 중요한 변수였으나, 점차 이러한 객관적 지수들은 정치적 이슈화에 따라 급속히 개선되었고, 반면 실제 생활환경에서 느끼는 심리적 지수가 중요한 변수가 되었다. 특히 프랑스 스트라스부르 대학 '커뮤니케이션 사회심리학연구소(IPSC)'의 아브라함 몰(Abraham Moles) 교수는 이에 대한 연구를 진행했다. 그는 가상의 "케이블 도시(Cable City)에서 삶의 질"에 대한 "상징적 방정식"을 만들어 삶의 질을 평가했는데, 이 상징적 방정식의 평가 요소들이 삶의 질에 대한 중요한 사회심리학적 요소들로 제시되었다.

이 방정식에 따르면, 삶의 질을 평가할 수 있는 주요 변수는, 첫째, 환경의 풍부(다양성)에 대한 평가이고, 둘째, 환경의 안정성(지속성), 셋째, 환경의 안보(안전성), 그리고 넷째는 기다림(낭비되는 시간)인데, 이들 4개의 변수들을 방정식에 의해 합해 객관적인 수치로 평가할 수 있다. 이들 변수들 중에서 환경의 풍부는 좀 복잡한 개념인데, 간단히 말하면, 풍족한 환경이나 자원, 일자리, 등을 말한다. 커뮤니케이션 차원에서는 풍부한 대화 주제나 매체, 다양한 데이터, 풍족한 정보 등으로 설명될 수 있다. 특히 이 풍부의 개념에는 '접근 가능성의 일반 비용(General Cost of Access)'이 적용되는데, 일반 비용이란 풍부함에 접근하기 위해 소요되는 비용에 대한 개념이다. 예를 들어, 많은 사람과 커뮤니케이션을 하려면 돈도 많이 들고, 육체적으로 힘도 들고, 인식적 비용(대상에 대한 자세한 정보 파악 비용)이나 위험 부담 비용(잘못된 만남이나 실수에 대한 부담) 등이 소요되는데, 이러한 비용을 접근의 일반 비용으로 평가한다. 결국 환경의 풍부는 가격(P)+육체적 노력(W)+인식적비용(ψC)+위험부담(ψR) 등 이러한 4개의 요소들을 합해 나온 수치로 풍부를 나누어 풍부 지수의 값을 얻게 된다. 이러한 지수 가운데 AI와 관련된 몇몇 지수들을 살펴보면, 환경의 안정성은 AI 서비스의 지속성이나 서비스의 안정성 등을 들 수 있고, 환경의 안보나 안전성은 개인정보의 침해나 보이스피싱(음성 위조), 딥페이크(영상 위조), 해킹 같은 위험이 없는 사회 환경을 의미한다. 그리고 기다림이란 바쁜 도시 생활에서 줄서기, 교통 체증으로 기다림이나 긴급 상황에서 응급 센터의 계속되는 통화중이나 안내 대기 시간 등을 들 수 있다. 특히 기다림은 0.1초 단위로 답변을 해야 하는 생성형 AI나 소라, 챗GPT 등에서 이러한 기다림은 분명 서비스의 질을 평가할 수 있는 요소들이자 비용이자 삶의 시간에 대한 손실이라고 할 수 있다.

결국 이러한 방정식의 변수들은 우리의 삶의 질이 생활환경의 풍부 정도, 안정성, 위험성, 인식적 노력, 등에 따라 평가될 수 있다는 것을 보여준다. 이러한 요소들은 새로운 AI시대 커뮤니케이션 서비스 개발이나 기존 서비스의 개선 전략으로 활용한다면 새로운 서비스 발전 정책이나 정책 패러다임으로서 의미가 있을 것이다.

이 책의 구성

AI가 방대한 언어 모델과 딥 러닝을 통해 텍스트, 이미지, 영상, 음악 등의 새로운 콘텐츠를 만들어 내고 있다. 특히 AI는 인간과 동등한 수준의 지능으로 예술이나 창작 활동에도 참여하고 있다. 이제 AI는 새로운 '기계 커뮤니케이션 문명'을 창조하고 있는 것이다.

이 책은 이러한 인공지능에 대한 이해를 증진하고, AI 리터러시 역량을 높이며, 언론이나 광고 홍보 등 커뮤니케이션 영역에서 AI를 활용하는 데 필요한 정보와 지식들을 제공하고 있다. 우리나라 기업들은 AI에 수백조 원을 투자하는 글로벌 빅테크 기업들과 경쟁하기 어려운 상황이기 때문에, AI를 잘 활용하는 '패스트 팔로어(Fast Follwer)' 전략이 오히려 잘 맞을 것 같다. 이러한 전략은 '어떤 AI를 어디에 어떻게 쓸 것인가?'라는 질문으로 시작된다. 이러한 따라잡기 전략에서 AI에 대한 개념과 용어의 정의, 발전 방향 등을 명확히 파악하고(1장), AI가 이끄는 커뮤니케이션 혁명의 의미와 활용 실태, 문제점 등을 분석하는 것이 필요하다(2장). 그리고 이러한 새로운 기계 커뮤니케이션의 출현이 기존의 커뮤니케이션 생태계에 어떠한 영향과 변화를 가져올 것인지 살펴본다(3장). 게다가 AI의 영향을 가장 많이 받을 것으로 간주되는 미디어 커뮤니케이션과 기업 커뮤니케이션에 어떠한 역할과 변화를 주는지 활용 사례들을 통해 분석한다(4, 5장). 또 대인간 소통 방법인 '인터 퍼스널(Interpersonal)' 커뮤니케이션의 변화를 교육의 사례에서 살펴본다. AI는 교육의 개인화와 상호작용 방식에 변화를 주고 있으며, 교육 혁신의 대안이 되고 있다. 새로운 미디어의 출현은 인간의 사고방식과 행동을 바꾼다는 매클루언의 지적처럼, AI가 교실에서 유교 문화적 사고와 교육 방식을 어떻게 바꿀 수 있을지 탐색해 본다(6장). 아울러 풀어야 할 AI의 사회적 위험과 저작권, 개인정보의 침해, 딥페이크 등 AI 활용에서 나타날 수 있는 부작용과 이에 대한 윤리에 관해서 논의한다(7장). 이러한 윤리 문제는 인간의 가치와 사회적 책임을 반영하는 AI의 미래 과제이기도 하다. 따라서 AI의 발전에 따른 미래 기계 커뮤니케이션의 비전을 살펴보고(8장), 커뮤니케이션 전략들을 예상해 본다(9장). 결국 이러한 AI 기술은 궁극적으로 인간이 사용하는 도구에 불과하며, 인간을 위해 존재하기 때문에 인간 삶을 위한 AI 기술의 개발과 활용이 이루어져야 한다는 점에서 AI 기반 삶의 질을 분석한다(10장).

끝으로 휴머노이드와 AI 개인 비서, 자율주행 자동차, 그리고 AI가 내재된 가전들이 삶의 동반자로서 노동을 대신해 주고, 인류는 좀 더 가치 있는 일에 전념하는 유토피아적 삶을 기대해 본다. 이것이 AI 커뮤니케이션 혁명의 진정한 모습이며 목표가 되어야 할 것이다.

참고문헌

류한석(2024.12.24). 고품질 영상도 몇 시간 만에? '소라'가 가져올 대전환. ≪주간조선≫.

박성호(1994). 『21세기와 삶의 질』, 정보환경연구원.
박성호(1997). 『뉴미디어 광고』. 책과길.
박성호(2002). 『인터넷미디어의 이해와 활용』. 커뮤니케이션북스.
박성호(2008). 『홍보학 개론』. 한울아카데미.
박성호(2011). 스마트미디어 융합시대 방송통신정책: 삶의 질을 위한 정책 패러다임과 정책PR를 중심으로. ≪디지털정책연구≫, 9(5), 99-111쪽.
박태웅(2024). 『AI 강의 2025』. 한빛비즈.
이수화(2025.1.16). '행동하는 AI' 연구 시대가 본격 개막했다. ≪중앙일보≫.
ChatGPT(2024). https://openai.com.chatgpt
Gemini(2025). https://gemini.google.com
McLuhan, Marshall(1964). *Understanding media: The extensions of man*. McGraw-Hill. 『미디어의 이해 인간의 확장』. 김상호 옮김. 커뮤니케이션북스. 2011.
Moles, Abraham A.(1980). *La qualité de vie dans la société Câble*. IPSC.
Moles, Abraham A.(1986). *Théorie structurale de la communication et société*. Masson.

01
기계 커뮤니케이션의 출현

인공지능에 의해 기계 커뮤니케이션 영역이 급속도로 확장되고 있다. 챗GPT, AI 비서, AI 로봇, 휴머노이드, 자율주행 자동차 등 공상 과학소설이나 SF 영화에 나올 법한 AI 기술들이 우리 일상에서 활용되고 있다. 이제 기계가 학습도 하고, 문제도 풀고, 글도 쓴다. 게다가 텍스트, 이미지, 영상 등을 인식하고, 추론하고, 판단한다. AI의 개념은 어떻게 출현하고, 어떻게 발전했는지 커뮤니케이션 관점에서 살펴본다.

AI와 1인 창업?

인공지능: 개념의 출현

인공지능(Artificial Intelligence. AI)이란 컴퓨터 시스템이나 소프트웨어 기술을 이용해 기계가 인간처럼 생각하거나 행동을 할 수 있도록 하는 기술을 의미한다. 여기에는 문제의 인식과 연산, 추론, 학습, 자연어 처리, 시각적 인식 등이 포함된다. 다시 말해, 인공지능이라는 개념은 인간의 기술로 기계에게 지능을 부여한 것이라는 뜻이다. 요약하면, AI란 인간의 지능을 모방해 인간처럼 환경과 상황을 인지하고 추론하고 연산(계산)하고 판단하는 능력을 가진 컴퓨터 시스템이나 소프트웨어 기반 시스템이라고 할 수 있다.

유럽연합이사회(EU Council)는 「유럽연합 인공지능법(EU AI Act)」을 제정하면서 "AI는 다양한 수준의 자율성을 가지고 작동하도록 설계된 기계 기반 시스템이다"라고 정의했다. 여기서 자율성이란 변화하는 다양한 상황에서 명시적 또는 묵시적 목적을 수행하도록 설계되었고, 그 목적의 범위 안에서 자율적으로 처리한다는 의미다. 결국 인공지능이란 컴퓨터 시스템이나 소프트웨어 등을 통해 기계가 다양한 인간의 지능적 행동을 자율적으로 재현하거나 또는 창조할 수 있도록 하는 기계 기반 시스템이라고 정의할 수 있다.

AI의 개발 연혁

AI라는 용어가 처음 사용된 시기는 1930년에서 1950년대 사이로, AI의 아버지라고 불리는 앨런 튜링(Alan Turing) 같은 선구자들에 의해 사용되기 시작했다. 튜링은 1936년에 튜링 머신(Turing Machine)이란 개념을 제안하며 현대 컴퓨터 과학과 인공지능의 이론적 기초를 세웠다. 그는 1950년에 발표한 "컴퓨터 기계와 지능"이란 논문에서 튜링 테스트(Turing Test)란 개념을 제시하며 기계 지능에 대한 논의를 본격적으로 시작했다. 이러한 AI의 연구가 시작된 이후, AI 기술의 발전 과정은 우여곡절이 많았다. 특히 AI 기술의 침체기인 1974년부터 1차 AI 겨울(휴식기)이 시작되었고, 1980년대 후반부터 다시 2차 AI 겨울을 맞게 된다. 이후 1990년대 후반부터 컴퓨터 기술의 급속한 발전은 AI 개발에 활기를 불어 넣는다. 예를 들어 1997년 IBM이 만든 딥 블루(Deep Blue)는 세계 체스 챔피언과 체스 게임을 해 승리했다. 이는 AI가 특정 영역에서 인간을 능가할 수 있음을 보여준 중요한 사건으로, AI에 대한 기대를 높여주었다. 2006년에는 제프리 힌턴(Geoffrey Hinton)의 딥 러닝 논문이 발표되었고, 딥 러닝에서 새로운 돌파구가 만들어지면서 지금의 AI 부흥기가 도래하게 된다.

2016년에는 구글 딥마인드(DeepMind)가 개발한 '알파고(AlphaGo)'가 바둑 세계 챔피언 이세돌을 이기면서 AI의 큰 전환점을 맞는다. 알파고는 딥 러닝(Deep Learning)과 강화 학습(Reinforcement Learning)을 결합해 뛰어난 성능을 발휘했다.

2018년에는 오픈AI가 생성형 GPT(Generative Pre-trained Transformer) 모델을 처음 공개하면서 언어 모델링에서 혁신적인 변화가 일어났다. 여기서 GPT의 G는 generative(생성형), P는 pre-trained(사전 학습), T는 Transformer(트랜스포머)라는 모델명을 지칭하는데, 트랜스포머는 여기서 주어진 문장에서 다음 단어가 뭐가 올지를 확률적으로 예측하는 모델에 대한 기술 용어다. 결국 GPT는 트랜스포머 기반의 언어 모델로, 사전 학습을 통해 자연어를 이해하고 생성하는 능력을 갖췄다는 의미다(박태웅, 2024). 이어서 나온 'GPT-2'(2019)는 더욱 발전된 성능으로 자연스러운 글 생성을 가능하게 했으며, 이것은 GPT-3(2020)로 이어지는 AI 모델의 중요한 전환점이 되었다.

확장하는 AI 모델들

2022년 말, 오픈AI의 챗GPT가 처음 공개되었고, 많은 사람들로부터 극찬을 받았다. 이것은 GPT-3.5 및 GPT-4를 기반으로 한 대화형 AI로, 자연어 이해와 생성 능력을 극대화해 사용자가 원하는 형태로 질문에 답하거나 대화를 나누는 것이 가능해졌다. 챗GPT 출시 이후에도 AI 분야는 빠르게 발전했는데, 특히 대화형 AI 관련 기술은 더욱 정교화되었다.

2023년 오픈AI는 새 버전 GPT-4o를 발표했으며, 이전 버전인 GPT-3.5에 비해 더욱 뛰어난 언어 처리 능력과 응답 정확성을 갖추었다. 게다가 GPT-4o는 더 많은 매개변수(사물의 특징 정도에 따라 매긴 가중치)를 포함하고, 멀티모달리티(텍스트, 이미지, 영상 등)를 지원하는 등 여러 분야에서 활용될 수 있는 범용성을 확장시켰다. 2023년에 구글은 자체 대화형 AI 모델 바드(Bard)를 발표하며 오픈AI의 챗GPT와 경쟁하게 된다. 또 2024년 구글은 '차세대 AI 비서' 제미나이 2.0 플래시(Gemini 2.0 Flash)를 출시했고, 오픈AI는 GPT-o1과 GPT-o3 그리고 영상제작용 모델, '소라'를 발표했는데, 높은 평가를 받았다. 특히 소라는 영상 제작의 새로운 패러다임을 가져왔다는 평가였다.

또 AI 연구 기업 앤스로픽(Anthropic)에서 개발한 클로드(Claude)는 챗GPT와 유사한 대화형 AI로, 사용자의 질문에 보다 윤리적이고 안전하게 응답하는 것을 목표로 개발되었는데, 특히 AI 모델의 안전성과 윤리성을 중심으로 한 접근 방식이 두드러진다.

2024년 7월 18일 프랑스의 미스트랄은 개인용 컴퓨터(PC)에 설치할 수 있는 온 디바이스 AI 모델 '미스트랄 네모(Mistral NeMo)'를 출시했다. 이에 뒤질세라 메타는 오픈AI의 챗GPT-3.5보다 더 큰 4050억 개의 매개변수를 보유한 AI 모델을 오픈 소스로 공개했고, 성능이 GPT-4o나 클로드 3.5 소네트(Claude 3.5 Sonnet) 등에 맞먹는다고 발표했다. 이것은 AI의 판도를 바꿀 만한 충격적인 내용으로, 그동안 오픈AI나 앤스로픽 같은 프런티어 AI 회사의 클라우드에 연결해야만 최고 성능의 AI 서비스를 쓸 수 있었는데, PC와 스마트폰에서 비슷한 성능의 AI를 설치해 쓸 수 있는 시기가 앞당겨진 것이다. 이는 스마트 폰으로 다양한 AI 서비스를 이용하는 'AI로의 전환(AX, AI Transformation)'을 의미한다.

2024년은 AI가 환경을 감지하고 목표를 향해 행동하는 AI 에이전트가 출현했다. 에이전트는 지능을 가진 '행동파 AI'를 말하는데, 에이전트는 경험 축적을 통해 성과를 향상하는 학습 기능을 가지고 있다. 특히 AI 에이전트는 목표 달성을 위해 자율적으로 결정을 내리고, 행동하는 자율화된 AI로, 사용자의 명확한 지시와 명령이 없어도 작업을 자율적으로 수행한다.

AI 출현의 커뮤니케이션적 의미

급속한 정보통신과 AI 기술의 발전으로 기계가 인간처럼 스스로 학습하고 새로운 콘텐츠와 정보를 생산하며, 인간의 개입 없이도 다른 사물이나 기계(IoT)와 직접 커뮤니케이션하는 "AI 기계 커뮤니케이션"이 출현했다.

커뮤니케이션학(Communication Science) 관점에서 보면, 이러한 기계는 메시지를 전달하는 미디어(Media)였지만, 이것이 인공지능을 가진 컴퓨터 시스템이나 소프트웨어 시스템으로 바뀌면서 메시지 발신자(Sender)이자 수신자(Receiver)를 의미하는 커뮤니케이터(Communicator)가 되었다. 커뮤니케이션학에서는 커뮤니케이션의 구성 요소로 메시지 발신자와 수신자, 미디어, 메시지(Message), 효과(Effect)로 나누는데(Moles, 1986), 여기서 AI는 AI 비서나 휴머노이드처럼 자율적으로 자신이 생성한 메시지를 보내거나 다른 AI의 메시지를 수신하는 커뮤니케이션의 주체가 되었다는 것을 의미한다. 하지만 AI가 생산한 콘텐츠는 저작권이나 지식 재산권의 보호를 받지 못하고 있다. 반면, AI의 뉴스 데이터 무단 활용이나 콘텐츠 불법 복제 등으로 뉴스 저작권 침해와 콘텐츠 가치 훼손이 발생하고 있다는 것이 언론계의 주장이다.

기계 커뮤니케이터로서 또는 기계 미디어로서 AI는 학습을 통해 신문이나 방송의 뉴스도 만들고, 위기 관련 보도 자료도 발송하고, 광고도 제작하고, 그림도 그리고, 영화나 음악도 제작하는 등 인간 커뮤니케이션 활동에 관여하고 있으며, 앞으로 이러한 활동이 인간보다 더 효율적이고 생산성이 높을 것으로 평가되고 있다. 특히 생성형 AI와 AI 에이전트의 등장, 휴머노이드 로봇 기술의 발전 등으로 인간과 기계간의 상호작용이 혁신적으로 변화하고 있다. 대화형 AI나 챗봇 또는 AI 음성 비서의 도입으로 사람들은 점점 더 많은 대화를 AI와 나누게 될 것이고, 이는 사고방식, 소통 방식, 정보 소비 방식을 바꾸고, 커뮤니케이션 생태계와 패러다임에 변화를 가져올 것이다. 이제 AI는 기쁠 때는 친구로서, 외로울 때는 연인으로서, 그리고 일터에서는 비서를 넘어 동반자로서 역할을 하는 커뮤니케이터로 탄생한 것이다. 이 AI 커뮤니케이터는 메시지 송수신자의 역할을 넘어 이미 '페르소나'(독립적 인격체)로서 전 세계 수천만 명과 우정 또는 감정을 나누는 커뮤니케이터가 되었다.

참고문헌

박태웅(2024). 『AI 강의 2025』. 한빛비즈, 114–116쪽.

유승목(2025.3.5). AI시대 저작물에 뉴스도 포함돼야. ≪한국경제≫.

ChatGPT(2024). https://openai.com/chatgpt

Moles, Abraham A.(1986). *Théorie structurale de la communication et société*. Masson.

02
AI와 커뮤니케이션 혁명

AI에 의해 커뮤니케이션에 혁신이 일어나고 있다. AI는 모든 디지털 기계에게 지능을 부여하고, 기계들이 서로 커뮤니케이션하게 한다. AI 기술은 기계 커뮤니케이션 혁명으로 인류의 문명을 바꾸고 있다. AI는 새로운 콘텐츠를 생성하고, 예술 창작에까지 나서고 있다. 더 나아가 메시지를 생성하고, 전송하고, 수신하는 커뮤니케이터로서의 역할도 한다. 커뮤니케이션 패러다임도 초자동화, 초개인화, 초맞춤화로 바뀌고 있다.

AI와 MBTI?

AI의 기술적 용어들

AI 기술이 발전함에 따라 AI와 관련된 용어들이 다양하게 나타나고 있다. 머신 러닝(Machine Learning)이라는 용어도 새롭게 탄생했다. 이는 컴퓨터가 프로그래밍 없이도 데이터를 통해 학습할 수 있도록 하는 기술을 말한다. 딥 러닝 혹은 심층 학습이란 용어도 AI와 함께 출현했다. 이는 머신 러닝의 하위 분야로, 다층 신경망을 활용해 대량의 데이터를 분석하고 복잡한 패턴을 학습하는 방법으로, 컴퓨터가 스스로 외부 데이터를 조합, 분석해 학습하는 기술을 뜻한다. 딥 러닝의 발명으로 인공지능이 획기적으로 도약하게 된다. 방대한 양의 데이터를 분석할 수 있는 컴퓨터의 개발에 따라 딥 러닝은 뉴스 요약, 이미지 분석뿐만 아니라 자율 운전, 자율 로봇, 등 다양한 분야에서 활용하게 된다. 머신 러닝에 인간의 뇌를 모방한 신경망 네트워크를 더한 딥 러닝 알고리즘은 인간 두뇌가 수많은 데이터 속에서 패턴을 발견한 뒤 사물을 구분하는 정보 처리 방식을 모방함으로써 기존 머신 러닝의 한계를 뛰어넘었다.

생성형 AI, 챗GPT, AI 에이전트

생성형 AI란 데이터를 학습해 새로운 콘텐츠를 생성하

는 것으로, 텍스트, 이미지, 음악 등 다양한 창작물을 만들어 내는 AI를 말한다. 챗GPT는 생성형 AI의 한 유형으로, 대화를 통해 사용자와 상호작용하고 정보를 제공하는 데 중점을 두고 있다. 특히 챗GPT는 네이버나 구글의 검색 서비스처럼 단어나 문장으로 답변을 제공하기도 하지만, 검색 서비스보다 훨씬 더 심층적인 내용을 제공하고 있다. AI 에이전트(Agent)는 자율적으로 주변 환경과 상호작용하며, 목표를 달성하기 위해 행동을 결정하고 수행하는 능동적인 AI 시스템으로, 인간형 로봇이나 AI 비서가 그 실례다. 이렇게 AI가 수행하는 각각의 기술들은 그 목적과 기능에 차이가 있으며, 특정 목적에 맞춰 발전해 나가고 있다. 이들 간의 차이점을 구체적으로 살펴보면 다음과 같다.

생성형 AI(Generative AI)의 기술적 특징은 주로 딥러닝과 머신 러닝을 통해 패턴을 학습하고, 이를 바탕으로 인간이 만들어 낼 법한 콘텐츠를 생성한다. 대표적인 생성형 AI 모델에는 GPT 시리즈(텍스트 생성), 달리(DALL-E: 이미지 생성), 소라(Sora: 영상물 제작), 주크박스(Jukebox: 음악 생성) 등이 있다. 활용 분야로는 텍스트 생성(문서, 소설, 이메일), 이미지 생성, 음악 및 음성 합성, 영상 생성 등 다양한 창작 분야에서 활용된다.

한편, 챗GPT는 오픈AI가 개발한 대화형 AI 모델이지만, GPT-3.5와 GPT-4는 생성형 AI 모델을 기반으로 하고 있다. 기술적 특징으로는 트랜스포머 기반의 언어 모델로서, 방대한 양의 텍스트 데이터를 학습해 자연스러운 대화와 정보 제공을 한다. 활용 분야로는 고객 지원, 교육, 상담, 콘텐츠 생성, 코드 작성 보조, 질문 답변 서비스 등 다양한 분야에서 대화형 인터페이스로 활용되고 있다.

AI 에이전트는 AI 비서처럼 자율적으로 특정 목표를 달성하기 위해 환경과 상호작용하고, 스스로 학습하며, 상황에 맞는 결정을 내리는 데 중점을 둔다. 기술적 특징으로 AI 에이전트는 강화 학습(Reinforcement Learning: AI가 특정한 행동을 할 때 보상을 해주는 학습 방법) 같은 기술을 많이 사용하기 때문에 주어진 환경에서 목표를 달성하기 위해 최적의 행동을 선택한다는 점이다. 챗GPT 같은 생성형 AI도 AI 에이전트의 구성 요소가 될 수 있지만, 에이전트는 단순히 텍스트를 생성하는 것을 넘어서, 특정 작업을 수행하고 목표를 달성하는 데 초점을 둔다는 점이 다르다. 활용 분야로는 자율주행 자동차 , 로봇, 게임 AI, 개인 비서 역할을 하는 디지털 에이전트, 그리고 금융 거래, 시스템 관리 등 다양한 산업에서 의사 결정과 실제 작업을 수행하는 에이전트 등이 있다.

AI 커뮤니케이션의 개념과 특성

AI 커뮤니케이션이란 AI가 인간과 소통하거나, AI가 인간 간의 소통을 돕는 모든 형태의 커뮤니케이션을 말한다. 이는 AI가 내장된 기계들과의 기계 커뮤니케이션으로 메시지의 생성이나 분석, 전달, 실행하는 역할까지 포함된다.

AI와 인간 간 커뮤니케이션의 사례로 챗봇, 카카오톡 AI 상담원, 음성 비서, AI 기반 이메일이나 자동 작성 문서 등을 들 수 있고, AI가 매개하는 인간 간 커뮤니케이션의 사례로는 자동 번역(예: 구글의 번역, Papago), 맞춤형 콘텐츠 추천(예: 유튜브나 넷플릭스 알고리즘) 감성 분석 및 의견 요약(예: SNS 감정 분석) 등을 들 수 있다. AI가 자율적으로 수행하는 기계 커뮤니케이션 사례로는 자동 뉴스 작성(예: AI 기자), 소셜 미디어 자동 응답(예: 기업용 AI 챗봇), 데이터 기반 의사 결정 보고서 등을 들 수 있다.

AI 커뮤니케이션의 혁신 사례

AI 기술은 인간의 언어를 이해하고 생성하는 능력을 통해 다양한 방식으로 인간 커뮤니케이션을 혁신하고 있다. AI 커뮤니케이션의 주요 혁신 사례들은 다음과 같다.

첫째, 챗봇과 가상 비서의 끊김 없는 24시간 커뮤니케이션 서비스다. 챗봇이나 AI 비서는 24시간 고객 문의에 응대하고, 필요한 정보를 제공해 고객 만족도를 높이고, 상담원의 업무 부담을 줄여 준다. 또 AI 에이전트는 레스토랑 예약, 상품 주문, 항공권 예매 등 다양한 서비스를 자율적으로 수행해 사용자의 편의성을 향상시킨다. 특히 가상 비서는 사용자의 선호도를 분석해 맞춤형 상품이나 콘텐츠를 추천하고 구매를 유도하는 마케팅 커뮤니케이션을 수행한다. 둘째, AI 기반 번역기는 언어 번역 및 통역 서비스를 통해 여행, 비즈니스, 교육 등 다양한 상황에서 언어 장벽을 해소하고, 국제적인 소통을 가능하게 한다. 특히 기업은 AI 번역 기술을 활용해 다국어 웹사이트와 고객 지원 서비스를 제공하고, 해외 시장 진출을 확대할 수 있다.

셋째, AI는 뉴스 기사, 보고서, 블로그 게시물 등 다양한 유형의 텍스트 콘텐츠를 자동으로 생성해 콘텐츠 제작의 효율성을 높여 준다. 또 AI는 사용자 데이터를 분석해 각자 관심사에 맞는 콘텐츠를 추천하고, 콘텐츠 소비를 증진시킨다. AI는 소셜 미디어 게시물을 예약하고, 댓글에 응답하는 등 소셜 미디어 활동을 자동화해 마케팅 효과를 극대화시킨다. 넷째, 음성AI 비서는 사용자의 음성 명령을 인식하고, 사용자가 음성으로 요구하는 다양한 작업을 수행함으로써 스마트 기기 사용의 편의성을 높여 준다. 또한 사용자는 음성으로 원하는 정보를 검색하고, 빠르게 결과를 얻을 수 있다. AI는 텍스트를 자연스러운 음성으로 변환해, 오디오 콘텐츠 제작, 시각 장애인 지원 등 다양한 분야에서 활용된다. 다섯째, 감정 분석 서비스로, AI는 고객의 피드백, 소셜 미디어 게시물 등을 분석해 감정 상태를 파악하고, 이를 제품 및 서비스 개선에 활용한다. 또한 AI는 음성 분석, 텍스트 분석 등을 통해 사용자의 감정 변화를 감지하고, 정신 건강 문제를 조기에 발견하는 데 도움을 줄 수 있다. 이외에도 AI 커뮤니케이션 기술은 지속적으로 발전하고 있으며, 앞으로 교육, 헬스케어, 언론, 영화, 광고, 홍보 등 다양한 분야에서 활용될 것이다.

AI 커뮤니케이션의 특성과 활용

신문, 방송, 광고, 홍보 등 미디어 커뮤니케이션에 AI의 도입은 기존 업무의 효율성과 업무를 혁신하는 데 활용되고 있다. 이러한 활용은 AI가 갖고 있는 커뮤니케이션 특성에 기반하고 있다.

AI 커뮤니케이션의 특성으로 첫째, 자동화를 들 수 있다. AI 에이전트는 사전에 프로그램되어 있는 알고리즘에 따라 자동으로 외부와 커뮤니케이션을 수행한다. 이는 특히 반복적이거나 패턴화된 작업에서 효율성이 높다. 예를 들어 일정한 패턴의 질문과 이에 대한 응답으로 고객 센터에 걸려온 전화에 대한 응대 서비스를 들 수 있다.

두 번째 AI 커뮤니케이션의 특성으로 데이터 기반의 의사소통을 들 수 있다. AI는 방대한 데이터를 분석함으로써 상대가 원하는 해답을 찾기 때문에 커뮤니케이션 전략을 최적화할 수 있다. 예를 들어, 고객의 행동 패턴에 대한 데이터를 분석해 맞춤형 응답을 제공할 수 있다. 또 AI는 실시간으로 데이터를 수집하고 분석해 즉각적으로 반응할 수 있다. 이는 실시간 채팅이나 챗봇에서 매우 유용한 커뮤니케이션을 할 수 있도록 해준다.

세 번째 특성은 자연어 처리(NLP) 기술이다. AI는 자연어 처리 기술을 통해 인간의 언어를 이해하고, 자연스러운 음성 언어로 응답을 생성한다. 이는 인간과 AI의 상호작용을 보다 원활하게 만든다. 또 AI는 여러 언어를 처리하고 동시 번역 및 통역을 할 수 있어 글로벌 커뮤니케이션에 아주 효과적이다.

네 번째 특성은 개인화다. AI는 사용자의 프로필, 과거의 상호작용, 선호도 등을 분석해 개인 맞춤형 메시지를 제공한다. 또한 AI는 사용자 피드백과 상호작용 데이터를 학습해 커뮤니케이션 방식을 지속적으로 개선할 수 있다.

다섯 번째 특성은 커뮤니케이션의 가용성(연중무휴 서비스)이다. AI 기반 시스템은 24시간 작동할 수 있어, 시간과 장소에 관계없이 커뮤니케이션을 지속할 수 있다. 이는 고객 서비스 및 지원 센터에서 유용하게 활용되고 있다.

여섯 번째 특성은 정서적 감정적 제한성이다. AI가 텍스트나 음성에서 감정을 인식하고 이에 맞춰 반응할 수 있는 기술을 개발하고 있지만, 인간처럼 깊은 감정적 이해나 공감을 갖는 데는 아직 한계가 있다. 이것은 AI의 단점일 수 있지만 역으로 생각하면, 고객 센터에도 상황에 따라 사무적인 표현이 적합한 경우도 많다.

일곱 번째 특성은 AI의 멀티모달(Multimodal) 커뮤니케이션이다. 멀티모달 모델(Model)이란 텍스트, 도표, 그림, 오디오, 비디오 등 다양한 유형의 데이터를 함께 고려해 서로의 관계성을 학습 및 처리하는 AI 기술을 의미한다. 예를 들어, 음성 비서(Alexa, Siri)는 텍스트뿐만 아니라 이미지나 영상 분석을 통한 영상 커뮤니케이션도 가능하기 때문에 서비스의 영역이 확대될 수 있다. 또 AI는 인터랙티브 기능을 통해 사용자와의 상호작용과 쌍방적 커뮤니케이션을 증대할 수 있기 때문에 교육 분야, 엔터테인먼트, 고객 서비스 등 다양한 분야에서 활용된다.

이와 같은 특성들은 AI가 인간의 커뮤니케이션 방식을 모방하고, 특정 상황에서 이를 능가할 수 있게 해 음성 비서, 사물인터넷(IoT) 등 다양한 산업 분야에서 유용하게 활용될 수 있다. 특히 AI의 특성인 자동화, 개인화, 맞춤화는 기업의 생산성과 기업 경쟁력을 강화하는 핵심 동력이라고 할 수 있다.

결국 AI는 단순한 기술 발전이 아니라 사고방식과 커뮤니케이션 행태 그리고 삶의 방법을 바꾸는 문화라고 할 수 있다.

참고문헌

김태형 · 이수진(2023). 인간-AI 커뮤니케이션 연구주제 탐색: 챗GPT와 SMCRE 모형을 중심으로. ≪한국언론학보≫, 67(2),

25–50쪽.
박성호(2002). 『인터넷미디어의 이해와 활용』. 커뮤니케이션북스.
박태웅(2024). 『AI강의 2025』. 한빛비즈.
조경현 · 이강준(2020). 딥 러닝을 이용한 대화형 AI의 발전 및 국내 적용 가능성. ≪한국컴퓨터학회지≫, 27(4), 45–58쪽.
Moles, Abraham A.(1986). *Théorie structurale de la communication et société*. Masson.

03
AI와 커뮤니케이션 생태계

AI 기술의 발전은 커뮤니케이션 생태계에 혁명적인 변화를 가져오고 있다. 인간 중심의 커뮤니케이션 방식은 AI의 등장으로 더욱 효율적이고 개인화된 형태로 진화하고 있으며, 사회 전반에 걸쳐 다양한 영향을 미치고 있다. 2022년 말 챗GPT의 등장 이후 2년도 안 되어 AI는 다양한 산업 분야에서 활발하게 적용되고 있고, 그 활용 범위도 계속 확장되고 있다. 기업들은 많은 AI 활용 서비스를 개발하고 있고, AI를 활용한 수익 창출에도 매우 활발하게 대응하고 있다.

AI와 난임 극복?

커뮤니케이션 생태계 변화

커뮤니케이션 생태계란 정보와 메시지가 생성, 유통, 소비되는 복잡한 시스템을 의미한다. 이는 단순히 정보를 전달하는 행위를 넘어, 다양한 주체와 요소들이 상호작용하며 영향을 주고받는 역동적인 환경을 포괄하고 있다.

커뮤니케이션 생태계의 주요 요소로는 정보 생산자, 정보 유통 채널, 정보 소비자, 기술, 가치관, 신념, 사회적 규범 등 커뮤니케이션에 영향을 미치는 다양한 요소들을 들 수 있다.

과거의 커뮤니케이션 생태계는 신문, 방송 등 전통적인 매체가 중심이었지만, 인터넷과 소셜 미디어의 등장으로 디지털 기반의 새로운 생태계가 형성되었다. 특히 소셜 미디어 플랫폼은 개인들이 정보를 생산하고 유통하며 소비하는 새로운 커뮤니케이션 생태계를 만들어냈다. 그리고 AI의 등장은 맞춤형 정보 제공, 정보 제공의 자동화, 가짜 뉴스 확산 등 커뮤니케이션 생태계에 새로운 변화를 가져오고 있다. 커뮤니케이션 생태계는 정치, 경제, 문화 등 사회의 다양한 측면과 연결되어 영향을 미치고 있다.

게다가 AI는 기존 미디어와는 완전히 다른 새로운 미

디어의 등장이며, AI가 두뇌로 작동하는 AI 로봇이나 휴머노이드는 커뮤니케이터로서 커뮤니케이션 생태계를 급격하게 변화시키고 있다. 이러한 변화는 첫째, 새로운 커뮤니케이션 방식의 변화로, 정보의 생산과 소비 방식의 변화를 들 수 있고, 둘째, 커뮤니케이션 주체의 확장이며, 셋째, 업무 자동화와 효율성 증대의 강점, 넷째, 개인화 및 맞춤형 커뮤니케이션의 강화, 그리고 다섯째, 윤리적 · 사회적 규제의 대두 등 여러 가지 측면에서 살펴볼 수 있다.

정보 생산과 소비 방식의 변화

기계 커뮤니케이터로서의 AI의 등장은 그 자체가 새로운 커뮤니케이션 방식의 등장이다. AI는 텍스트, 음성, 이미지 등 다양한 형태의 데이터를 분석하고 생성하는 능력을 통해 커뮤니케이션을 한다. 예를 들어, AI 기반 가상 인플루언서는 실제 인간과 유사한 외모와 목소리로 소셜 미디어에서 활동하며, 새로운 형태의 엔터테인먼트를 제공한다. 또한, AI 기반 음성 비서는 사용자의 음성 명령을 인식하고 실행해 일상생활의 편의성을 높여 준다. 더욱이 AI의 등장으로 정보의 생산과 소비 방식이 확연히 변하고 있는데, 과거에는 정보가 소수의 언론사, 출판사, 방송사 등을 통해 생산되고 대중에게 전달되는 일방향 구조였다면, AI의 발전으로 정보의 소비자는 누구나 정보나 콘텐츠의 생산자가 될 수 있고, 정보의 생산자는 반대로 소비자가 되는 커뮤니케이션의 양방향 구조가 생성되고 있다. 또 정보 소비 방식도 변하고 있는데, 예를 들어 AI 기반 추천 알고리즘(예: 유튜브, 넷플릭스, 틱톡)은 사용자 행동을 분석해 개인 맞춤형 콘텐츠를 제공함으로써 정보 소비의 패턴을 바꾸고 있다.

커뮤니케이션 주체의 확장

커뮤니케이션 주체의 확장은 커뮤니케이션 이론에서 다룰 수 있는 개념인데, AI 챗봇과 가상 캐릭터의 등장으로 커뮤니케이션의 주체가 인간뿐만 아니라 AI까지 포함하는 형태로 확장되었다. 기업과 소비자 간의 커뮤니케이션뿐만 아니라, 개인 간 커뮤니케이션에도 AI가 개입하는 사례가 늘고 있다. 예를 들어 기업들은 고객 서비스에 AI 기반 챗봇을 활용해 24시간 대응하고 있다(예: 카카오톡 챗봇, 아마존 알렉사). 또한 AI 챗봇들이 실제 사람처럼 소셜 미디어에 유령 계정을 만들고 게시 글을 점령하는 사례도 있다. 사람과 AI 챗봇을 구분하기 위한 CAPTCHA(자동화된 공개 튜링 테스트)까지 통과한 AI

챗봇들이 이미 X(옛 트위터)를 점령하고 있다는 언론 보도도 있었다. 즉, AI로 생성한 가짜 블로그를 통해 검색 광고 시장에서 돈을 벌려는 유령 사업자와 포털 업체 간 보이지 않는 전쟁이 벌어지고 있다(최지희, 2025).

자동화와 효율성 증대

자동화와 효율성 증대는 정보 생산과 소비 방식의 변화 원인으로 작동된다. 이것은 정보의 생산과 소비 방식이 업무 자동화나 효율성과 밀접한 관계가 있다. AI는 단순 반복적인 커뮤니케이션 업무를 자동화해 효율성을 높이고, 인간은 보다 창의적이고 복잡한 업무에 집중할 수 있도록 도와주는 도구다. 예를 들어, AI 기반 번역 시스템은 실시간 다국어 번역을 제공해 글로벌 커뮤니케이션의 장벽을 낮추기도 하고, AI 기반 텍스트 요약 시스템은 방대한 양의 정보를 빠르게 요약해 효율적인 정보 습득을 도와준다. 이러한 서비스는 커뮤니케이터로서 AI가 가지고 있는 기술적 특성이며, 커뮤니케이션 방식과 생태계의 변화를 촉진하고 있다.

개인화 및 맞춤형 커뮤니케이션 강화,

콘텐츠의 개인화와 맞춤형 커뮤니케이션의 강화는 마케

팅 전략으로 사용하는 광고나 홍보 전략들이기도 하다. AI는 데이터를 기반으로 사용자의 취향을 분석하고, 맞춤형 커뮤니케이션을 제공하는 데 강점을 가지고 있다. 이는 광고, 마케팅, 고객 서비스뿐만 아니라 교육, 의료 등 다양한 분야에서 활용된다. 특히 개인화된 커뮤니케이션이란 AI가 방대한 데이터를 분석해 개인의 선호도, 관심사, 행동 패턴 등을 파악하고, 이를 기반으로 맞춤형 정보를 제공함으로써 커뮤니케이션이 개별적인 특성을 갖는 것을 말한다. 예를 들어, AI 기반 뉴스 추천 시스템은 사용자의 과거 뉴스 소비 패턴을 분석해 관심사에 맞는 뉴스만을 개별적으로 제공하는 것이다. 또는 AI 챗봇이 고객의 문의 내용을 분석해 개인화된 답변을 제공함으로써 고객 만족도를 향상시킨다. 최근에는 교육 분야에서도 AI 기반의 맞춤형 학습 시스템이 학생 개개인의 학습 수준을 분석해 최적화된 학습 콘텐츠를 제공하는 등 최적화된 개인화 또는 맞춤형 커뮤니케이션이 이루어지고 있다.

윤리적 · 사회적 규제

AI의 기술적 발전과 대중화에 따라 커뮤니케이션 윤리 및 책임도 커뮤니케이션 생태계의 변화 요인이다. AI 기술의 발전은 가짜 뉴스, 혐오 표현, 개인 정보 침해 등 새로운 윤리적 문제를 야기하고 있으며, 이에 대한 사회적 규제와 대안은 생태계에 변화를 준다. 예를 들어, AI 기반 딥페이크 기술은 실제 인물의 얼굴이나 목소리를 합성해 가짜 영상을 제작해 범죄나 여론 조작 등에 이용하는 것인데, 이에 대한 사회적 규제가 강화되는 측면도 있고, 일부 AI 서비스는 개인정보 유출이나 보안에 취약해 사용이 제한되는 경우도 있다. 예를 들어 2016년 미국 대선에서는 AI 기반의 자동화된 챗봇들이 가짜 뉴스를 퍼뜨려 유권자의 판단에 영향을 미쳤다는 사례도 있다. 또한 AI 알고리즘의 편향성은 특정 집단에 대한 차별을 심화시킬 수 있으며, 특히 AI 추천 알고리즘은 사용자의 관심사에 맞는 정보만 제공하면서 '필터 버블(Filter Bubble)' 현상을 심화시키기도 한다. 이는 다양한 관점을 접할 기회를 차단하고, 사회적 양극화를 초래할 수 있는 편향적 커뮤니케이션 생태계가 생성될 수도 있다.

그 밖에 소셜 미디어 분석이나 뉴스 소비 패턴 분석을 통한 생태계 변화도 살펴볼 수 있는데, 예를 들어 기업들은 AI 기반 소셜 미디어 분석을 통해 소비자 반응을 분석하고, 마케팅 커뮤니케이션 전략을 수립하고 있으며, 포털 사이트들은 AI 기반 뉴스 추천 시스템을 활용해 사용자 맞춤형 뉴스를 제공하고, 뉴스 소비 패턴을 분석하는 등 다양한 방법들이 계속 개발되고 있다. 이처럼 AI는 기술적 발전과 함께 커뮤니케이션 생태계에 다양한 변화를 가져오고 있다.

빅테크들의 AI 개발 사례와 생태계

스마트폰의 대중화는 신문이나 방송 등 대중 커뮤니케이션(매스컴)에 의존하던 커뮤니케이션 방식을 블로그나 카카오톡, 유튜브 같은 소셜 미디어에 의존한 커뮤니케이션 방식으로 바꾸어 놓았다. AI는 이러한 커뮤니케이션 습성을 자동화와 맞춤형 그리고 개인화된 기계 커뮤니케이션 습성으로 바꾸고 있다. 이러한 커뮤니케이션 생태계 변화의 중심에는 AI의 다양한 성능과 중요한 혁신 능력이 작용하고 있다. 이러한 능력은 주로 AI가 가지고 있는 알고리즘이나 자동화 처리 시스템 그리고 개인화하는 콘텐츠 생성 원리, 데이터 분석 능력, 자연어 처리, 음성 인식 등에 의해서 실현되고 있다.

그런데 빅테크 기업들은 이러한 커뮤니케이션 생태계의 변화에 대응하는 차원에서 메신저 앱의 기능을 고도화하거나 AI 에이전트 개발 경쟁에 집중하고 있다. 예를 들어 메타(Meta)는 페이스북 메신저, 인스타그램 다이

렉트 메시지(DM), 와츠앱 등 자사의 메시징 플랫폼에 '메타 AI(AI 챗봇)'를 통합했다. 사용은 메시지 입력 창에 @MetaAI를 입력한 뒤 필요한 정보를 요구하는 방식이다. 예를 들어 친구와 대화 중에 "@MetaAI, 이 근방에 피크닉하기 좋은 공원 알려 줘"라고 하면 AI가 인근의 공원을 추천한다.

빅테크 기업들은 한발 더 나아가 AI 에이전트 개발 경쟁에 뛰어 들고 있다. 이것은 AI 기술을 통해 사용자와의 상호작용을 혁신하고, 데이터 수집 및 분석에서의 이점을 극대화해 각 사의 플랫폼 생태계를 더욱 강화할 수 있기 때문이다.

구글은 AI 비서인 구글 어시스턴트의 기능 확장뿐 아니라, 대화형 AI인 '바드'를 통해 AI 에이전트로서 더 자연스러운 대화와 정보 제공을 목표로 하고 있다.

MS는 오픈AI와의 파트너십을 통해 챗GPT 기반의 AI 에이전트를 자사의 제품에 통합하는 데 중점을 두었다. 특히 코파일럿(Copilot)이라는 명칭으로 오피스365 같은 S/W에 AI 기능을 탑재해, 사용자들이 문서 작성, 데이터 분석, 협업 등을 더 효율적으로 수행하도록 돕고 있다.

전자 상거래 기업인 아마존(Amazon)은 AI 비서 알렉사(Alexa)를 중심으로 스마트 홈 에코시스템에 AI 에이전트를 접목하고 있다. 알렉사는 가정 내에서 음악 재생, 쇼핑, 정보 제공 등을 포함한 다양한 기능을 제공하며, 아마존의 서비스와 강력하게 연계되어 있다.

이러한 글로벌 빅테크들의 AI 에이전트 경쟁은 단순히 기능 경쟁을 넘어 생태계 확장을 위한 전략적 경쟁으로 볼 수 있다. 각 기업은 AI 에이전트를 통해 자사 플랫폼에 더 많은 사용자를 끌어들이고, 지속적인 사용자 데이터 수집과 분석을 통해 맞춤형 서비스를 제공하며, 자사의 경쟁력을 강화하려는 전략을 취하고 있다.

참고문헌

박태웅(2024). 『AI강의 2025』. 한빛비즈.

박성호(2002). 『인터넷미디어의 이해와 활용』. 커뮤니케이션북스.

송영찬(2025.1.23). "말만 하면 다 된다" AI가 최적 항공편 찾아주고 통화내용도 정리. ≪중앙일보≫.

이현우(2025.2.27). 뉴스룸 인공지능 도입 현황과 활성화 방안. 한국언론학회 특별세미나.

최지희(2025.4.3). 유령계정 넘치는 X... 'AI 봇이 게시글 점령'. ≪한국경제≫.

홍상지(2024.11.12). AI내재화 나선 네이버. ≪중앙일보≫.

04
AI와 미디어 커뮤니케이션

AI는 미디어 산업에서 중요한 역할을 하고 있다. 뉴스 보도의 자동화, 개인화된 뉴스, 기사 자동 생성, 가짜 뉴스 탐지, 대규모 데이터 분석, 소셜 미디어에서 AI 기반 댓글 분석, 콘텐츠 추천 시스템 등 AI는 미디어 커뮤니케이션의 본질을 바꾸고 있다. AI는 뉴스 제작과 소셜 미디어 운영 방식에도 큰 변화를 주고 있다. 특히 언론사의 경영과 관계되는 뉴스 생산의 효율성이나 가짜 뉴스의 탐지, 광고 마케팅 시스템 등에서 AI의 역할이 강조되고 있다.

AI와 사주?

언론에 대한 AI의 영향

AI가 언론에 미치는 영향은 매우 혁신적이다. AI가 뉴스 기사를 작성하고, 영상 콘텐츠를 만들고, 편집까지 하는 등 뉴스 보도의 전 과정에 개입하고 있다. 이것은 2022년 오픈AI가 챗GPT 모델을 공개한 이후 새로운 유형의 지능을 경험하게 된 충격이기도 하다. 이 경험이 얼마나 강력했는지는 사용자 100만 명에 도달하는 기간을 보면 알 수 있다. 트위터는 2년, 페이스북은 10개월, 인스타그램은 2.5개월 걸렸지만 챗GPT는 단 5일 만에 100만 명의 사용자를 만들어 냈다(정경준, 2024).

챗GPT 모델이 공개된 이후 채 2년도 되지 않아 챗GPT4-o1 모델을 내놓았는데, 이것은 인간의 명령어만을 수행하는 단계를 뛰어넘어 추론 능력을 갖춘 AI로 불리고 있다. 특히 이때 함께 나온 대규모 언어 모델(LLM)은 인류 역사상 처음으로 인간과 기계 그리고 기계와 기계가 서로 커뮤니케이션하는 시스템이 구축되었다는 사실을 보여주었다. 더욱이 챗GPT4-o1으로 구현된 AI는 전문 분야를 학습해 전공 지식이 일반 수준을 뛰어넘는다. 단순히 전문 분야를 학습한 것이 아니라 AI의 '생각의 사슬(chain of thought)'이라는 기법이 사용되었다. 이것은 이제 AI가 스스로 생각하는 시대로 접어들었다는 의미다. GPT-4o에서 'o'는 '모든 것'을 뜻하는 'omni'의 약자다. 특히 이 모델은 추론 능력 외에 '과학, 기술, 엔지니어링, 수학(STEM. Science, Technology, Engineering, Mathematics)' 분야에서도 대학원생 수준 이상의 능력을 갖췄다는 평가다(김형호, 2024). 이제 언론계는 여태껏 경험해 보지 못한 변화의 파도를 맞이하고 있다.

언론에 대한 AI의 특성들

언론의 변화를 가져오는 AI의 다양한 특성들은 다음과 같다.

첫째, 콘텐츠 생성의 자동화다. 챗GPT 같은 생성형 AI는 뉴스 기사, 보고서, 요약문 등을 자동으로 작성할 수 있다. 이것은 기자들에게 반복적인 작업에서 벗어나 더 중요한 조사와 분석에 집중할 수 있게 해준다. 즉, AI는 업무의 효율성을 높일 수 있고, 또 자연어 생성 기술을 활용해 대량의 기사를 빠르게 생산함으로써 뉴스 보도의 신속성을 높일 수 있다.

둘째, 대규모 데이터의 분석이 가능하고, 뉴스 가치가 큰 사건을 실시간 발견하고 이에 대응할 수 있다. 또 AI는 대규모 데이터의 분석으로 트렌드, 패턴, 이상 징후 등을 식별하는 데 유용하게 활용할 수 있다. 이를 통해 기자들은 보다 심도 있는 분석 기사를 작성할 수 있다. 또 유튜브, 블로그, 카카오톡, 텔레그램 등 소셜 미디어(Social Media)가 제공하는 데이터들을 실시간으로 분석해 뉴스 가치가 있는 사건을 빠르게 발견하고 이에 대응할 수 있다.

셋째, 개인화된 뉴스를 제공한다. AI는 독자의 취향과 관심사를 데이터로 분석해 '개인 맞춤형 뉴스'를 제공하고, 이를 통해 독자의 참여도를 높인다. 특히 AI 알고리즘은 독자들이 선호하는 콘텐츠를 분석하고, 관련 기사를 추천하는 등 기사와 관련된 광고나 홍보에 활용된다.

넷째, 가짜 뉴스의 탐지 기능을 가졌다. 전문 분야에 특화된 AI는 가짜 뉴스를 탐지하고, 사실을 검증하는 데 중요한 역할을 한다. 특화된 AI가 자연어 처리와 머신 러닝 기술을 통해 뉴스의 진위 여부를 판단할 수 있기 때문이다. 또 이를 통해 독자들은 더 신뢰할 수 있는 정보를 제공받을 수 있다.

다섯째, 생산성 및 효율성 향상에 기여한다. 자동화된 워크플로와 AI 도구를 활용해 뉴스 생산 과정의 효율성을 높일 수 있다. 예를 들어, AI는 인터뷰를 자동으로 전사(傳寫)하거나 콘텐츠를 자동 편집하는 등의 작업이 가능하다.

마지막으로 보완해야 할 단점으로서 AI의 특성도 있다. AI의 언론 적용은 저널리즘의 윤리적 문제를 야기할 수 있다. 예를 들어, 알고리즘의 편향성, 저작권 침해, 개인정보의 보호, 자동화된 기사 작성의 신뢰성 등의 문제가 발생되기도 한다. 따라서 기자들은 AI의 결과를 검토하고, 필요한 수정 작업을 수행해 이러한 윤리적 문제를 해소해야 할 것이다.

영상 콘텐츠에 대한 AI의 영향

AI 기술은 콘텐츠의 기획, 제작, 편집, 유통, 마케팅, 소비에 이르기까지 미디어 산업의 전 영역에 충격을 주고 있다. AI 기술은 콘텐츠 검색과 맞춤형 추천, 주요 장면 추출과 자막 생성, 라이브러리 연동과 아카이빙 구축 등 영상 커뮤니케이션 서비스의 효율성 향상과 개선을 목적으로 활용되고 있다. 특히 AI 기술은 제작 영역에서 영상 콘텐츠를 생산하고, 가상의 인물을 구현하며, 다양한 방식으로 영상의 실재감을 높이는 등 다방면에서 활용되고 있다. 그러나 AI 기술의 발달은 다양한 쟁점을 함께 양산하고 있는데, 특히 저작권 문제는 콘텐츠 산업에서 중요한 쟁점이 되고 있다. 예를 들어 챗GPT의 이미지 생성기능이 전 세계적으로 인기를 끌면서 '화풍(그림체)'

을 지식 재산으로 보호해야 하는지에 대한 논란이 가열되고 있다. 챗GPT 이용자들이 자기 사진을 지브리스(일본 유명 애니메이션) 스타일을 비롯해 디즈니 스타일, 스누피 스타일 등 인기 화풍으로 변환하고 있는데, 오픈AI 측은 지브리 등과 별도의 지식 재산 활용 계약을 맺지 않아 논란이 되고 있다. 지브리 열풍이 불면서 국내외 창작자 커뮤니티에서는 AI가 함부로 저작물을 학습할 수 없도록 하자는 제안이 이어지고 있다(고은이, 2025).

글로벌 언론사들의 AI 활용 사례

글로벌 언론사들은 AI를 다양한 방식으로 활용해 콘텐츠 제작, 운영 효율화, 사용자 경험 개선 등의 목표를 이루고 있다.

먼저 콘텐츠 제작 및 콘텐츠 개선 방안으로 AI를 활용하고 있는 BBC 같은 글로벌 방송사들은 뉴스 요약, 번역, 음성 합성 등을 통해 제작 속도를 높이고, 다양한 언어로 콘텐츠를 제공하고 있다. 특히 AI를 활용한 자동화된 뉴스 제작으로 24시간 실시간 뉴스 제공이 가능해졌다. 또 ≪뉴욕타임스≫는 AI 기반의 데이터 분석을 통해 독자들이 선호하는 주제를 파악하고, 개인화된 콘텐츠를 추천하고 있다.

다음으로 AI를 언론사 운영의 효율화 방안으로 활용하고 있는 언론사도 있는데, 이런 언론사들은 AI를 언론사의 광고 관리와 배포를 최적화하는 데 활용하고 있다. 예를 들어, CNN 같은 방송사는 AI를 기반으로 광고 타기팅을 자동화해 시청자의 행동 패턴에 기초한 맞춤형 광고를 제공하고 있다.

또 AI를 사용자 경험 혁신으로 활용하고 있는 언론사도 있는데, 예를 들어, ≪워싱턴포스트≫는 AI 비서 역할을 하는 챗GPT나 챗봇 같은 도구를 통해 독자들과 소통하고 있다. 즉, AI 챗봇은 실시간 고객 지원 및 뉴스 큐레이션(뉴스의 수집, 분류, 구조화)을 시원하고 있다. 이처럼 언론사들은 AI를 활용해 소비자 데이터 분석과 개인화된 뉴스 제공을 통해 독자와의 관계를 강화하고 있다.

그리고 많은 언론사들은 데이터 프라이버시와 저작권 문제를 해결하기 위해 AI 기반 데이터 관리 시스템을 도입하고 있다. 특히 데이터 클린룸 기술 등을 통해 개인정보 보호를 강화하고 있다.

국내 언론사들의 AI 활용 실태

국내 언론사들도 AI 기술을 다양한 방식으로 활용하며 뉴스 제작 및 유통 방식을 혁신하고 있다. 주요 사례들을 살펴보면, 국내 언론사들은 이제 챗GPT나 초기 AI를 기반으로 독자의 질의응답 서비스를 개선하거나 기사 초안을 작성하는 시스템 도입, 뉴스를 간단히 요약해 사용자에게 제공하는 요약서비스, 웹사이트 제작과 뉴스 및 미디어 관리, 그리고 전자 상거래 관리 등에 활용하고 있다. 예를 들어 ≪동아일보≫는 경제 · 경영 전문 AI 챗봇 '애스크비즈(AskBiz)'를 개발했는데, 이 챗봇은 동아비즈니스리뷰(DBR)와 HBR Korea의 기사, 박영사의 경영학 서적 데이터를 학습해 사용자가 질문하면 관련 정보를 대화 형식으로 제공한다.

≪조선일보≫는 자체 기사 5만 건을 학습한 생성형 AI를 활용해 제목과 간단한 보고 내용을 입력하면 자동으로 기사 초안을 작성해 주는 시스템을 도입했다. 이를 통해 기자들의 단순 반복 작업을 줄이고, 뉴스 작성 속도를 향상시키고 있다. 다만 정보의 정확성을 보완하는 추가 작업은 기자들의 몫으로 남아 있다.

SBS는 정치인 이슈를 요약해 주는 AI 서비스 '폴리스코어'를 도입했다. 이는 복잡한 정치 뉴스를 간단히 요약해 사용자에게 제공하는 서비스로, 뉴스 소비를 효율적으로 돕는 데 목적이 있다.

≪한국경제≫와 ≪이데일리≫는 기사 작성 보조를 위

한 AI 기능을 자체 콘텐츠 관리 시스템(CMS)에 통합하고 있다. 여기에는 보도 자료 정리, 제목 추천, 키워드 추출, 이미지 생성 등이 포함되어 있다. CMS는 Content Management System의 약자로, 디지털 콘텐츠를 제작, 관리, 수정, 저장, 배포하는 데 사용되는 소프트웨어 플랫폼을 의미한다. CMS의 활용 분야로는 웹사이트 제작과 뉴스 및 미디어 관리 그리고 전자 상거래 관리 등이다.

국내 언론사 중 최초로 AI 시스템을 도입해 시시각각 변하는 국내외 투자 정보를 실시간으로 제공하고 있다고 주장하는 한국경제TV는 자체 홈페이지를 전년 개편해서 AI 뉴스 코너와 AI 시스템으로 실시간 투자 정보를 전달하는 한경 글로벌마켓 인사이트 코너를 운영하고 있다(정경준, 2024).

언론사들의 AI 활용과 함께 기자들의 AI 활용도 활발히 진행되고 있는데, 기자들은 네이버의 클로바노트를 사용해 음성을 텍스트로 변환하거나, 인터뷰 내용을 정리하는 데 AI를 적극 활용하고 있다. 이처럼 AI 기술은 언론사의 콘텐츠 생산성을 높이고, 독자 맞춤형 서비스를 강화하며, 기자들이 더 창의적인 작업에 집중할 수 있도록 돕고 있다.

참고문헌

고은이(2025.4.5). '그림체 학습 AI 안 돼'... 지브리발 '화풍IP' 논란. ≪한국경제≫.

김형호(2024.10.8). AI 기술 격변이 두렵다는 공대교수. ≪한국경제≫.

박성호(2002). 『인터넷미디어의 이해와 활용』. 커뮤니케이션북스.

박성호(2008). 『홍보학 개론』. 한울아카데미.

이현우(2025.2.27). 뉴스룸 인공지능 도입 현황과 활성화 방안. 한국언론학회 특별세미나.

정경준(2024.8.31). 언론사 첫 AI시스템 탑재 – 분단위 투자 정보제공. ≪한국경제≫.

05
AI와 기업 커뮤니케이션

AI는 고객 서비스와 마케팅, 광고 등 기업 커뮤니케이션을 혁신하고 있다. AI 기반 고객 상담 시스템, 자동화된 이메일 응답, 고객의 요구에 맞춘 서비스 등이 기업 소통의 핵심 요소로 자리 잡아 가고 있다. AI의 발전으로 많은 일자리가 사라질 것이라는 우려 속에서도 최근 기업들은 AI를 활용한 수익 창출에 매우 활발하게 움직이고 있다. 특히 이러한 AI의 기능들이 기업의 마케팅 커뮤니케이션 활동에서 어떻게 활용되는지 사례로 분석한다.

AI와 아이돌?

기업 마케팅 커뮤니케이션

AI는 마케팅 커뮤니케이션에서 혁신적인 도구로 활용되고 있으며, 고객과 더 효과적으로 소통하고 광고나 홍보를 통해 기업의 마케팅 목표를 달성하는 데 중요한 역할을 하고 있다.

대한상공회의소가 산업연구원과 공동으로 국내 500개 기업을 대상으로 2024년에 실시한 '국내 기업의 AI 기술 활용 실태 조사'에 따르면, 기업 10곳 중 3곳이 AI 기술을 활용하고 있는 것으로 나타났다(최현주, 2024). 응답 기업의 78.4%는 생산성 제고나 비용 절감 같은 성과 향상을 위해 AI 기술이 필요하다고 답했지만, 업무에 AI 기술을 활용하고 있다는 응답은 30.6%였다. 업종별로 보면, 제조업의 AI 활용률은 23.8%로 서비스업(53%)보다 낮았다. 서비스 분야에선 금융(57.1%)과 IT 서비스(55.1%) 업종이 상대적으로 AI를 활발하게 쓰고 있었다. 기업 규모별로는 대기업 중 AI를 쓰는 비율은 48.8%로 중견기업(30.1%)이나 중소기업(28.7%)보다 높았다.

기업들은 AI 기술을 주로 연구 개발(R&D)에 적용하고 있다. AI는 제품 개발(66.7%)을 비롯해 보안, 데이터 분석 등 IT 업무(33.3%), 품질 및 생산 관리(22.2%), 고객 서비스 관리(13.7%) 등에 활용되고 있었다.

AI를 통해 얻는 효과로 시간 단축을 꼽는 기업이 전체의 45.8%로 가장 많았다. 다음으로는 비용 절감(22.2%), 생산량 증가(11.8%), 판매량 증가(8.5%) 같은 효과로 나타났다. 이번 조사에서 나타난 특징은 대한상의의 지적처럼 "제품 마케팅 쪽에선 'AI를 한 번도 안 써본 사람은 있어도, 한 번만 써 본 사람은 없다'는 말이 있을 정도로 AI에 대한 업무 만족도가 대단히 높다"는 점이다.

이렇게 제품 마케팅 분야에서 AI에 대한 만족도가 가장 높듯이 AI의 활용은 마케팅 커뮤니케이션 분야에서 적용 방안들이 가장 많을 것으로 분석된다.

AI 마케팅 커뮤니케이션 전략

AI를 마케팅 커뮤니케이션에서 활용할 수 있는 주요 방법과 전략들은 다음과 같다.

첫째, AI를 개인화 마케팅 전략에 활용한다. 개인화 마케팅 전략이란 고객의 과거 구매 이력, 검색 기록, 행동 패턴을 분석해 개별 고객의 선호에 맞는 제품이나 서비스를 추천하는 전략이다. 이를 통해 고객의 참여도를 높이고 구매 전환율을 향상시킬 수 있다. AI는 이메일 마케팅을 자동화하고, 웹사이트 경험도 개인화한다. 또 AI 기반 마케팅 시스템은 고객 세분화에 따라 맞춤형 이메일을 자동으로 생성하고 발송한다. 이를 통해 적절한 타이밍에 개인화된 메시지를 전달할 수 있다.

둘째, 챗봇을 통한 실시간 고객 지원 및 상호작용 전략이다. AI 챗봇은 언제든지 고객의 질문에 응답할 준비가 되어 있으며, 기본적인 문의 사항을 처리하거나 혹은 복잡한 문제를 해결하기 위한 첫 번째 응대를 시작한다. 챗봇은 문의 사항과 고객 응대를 처리하면서 또는 고객과의 대화를 통해 선호 제품의 추천, 할인 정보 제공 등으로 판매를 유도한다. 다양한 고객과의 상호작용으로 고객의 데이터를 수집하고 분석해 고객의 선호도와 피드백을 파악하고, 이를 마케팅 전략에 반영한다.

셋째, 고객 세분화 및 타기팅 전략이다. AI는 고객 프로파일링을 통해 대량의 고객 데이터를 분석해 고객을 세분화하고, 각 그룹에 맞는 타깃 마케팅 전략을 수립한다. 이를 통해 특정 고객군에 맞춘 정확한 마케팅 메시지를 전달한다. 즉, AI는 고객의 과거 행동 데이터를 분석해 미래의 구매 행동을 예측하고, 예측된 행동에 기반해 맞춤형 마케팅 캠페인을 실행한다.

넷째, 콘텐츠 생성과 관리의 자동화 전략이다. 생성형 AI는 자동으로 콘텐츠를 생성한다. AI는 블로그 포스트, 소셜 미디어 업데이트, 제품 설명 등을 자동으로 생성해 콘텐츠 제작 시간을 줄이고, 일관성을 유지한다. 또 AI는 검색 엔진 알고리즘을 분석하고, 이를 기반으로 효과적인 키워드 선택과 메타데이터 최적화를 분석해 콘텐츠 검색의 효율성을 높인다.

다섯째, 예측 분석 및 마케팅 성과를 평가에 활용한다. AI는 과거 캠페인 데이터를 분석해 새로운 캠페인의 성과를 예측하고, 예상되는 성과 분석(ROI)을 추정한다. 또 AI는 마케팅 캠페인의 실시간 성과 데이터를 분석해, 필요에 따라 캠페인 전략을 즉각적으로 조정하고 최적화할 수 있다. 뿐만 아니라 AI는 다양한 마케팅 전략을 테스트하고, 가장 효과적인 접근 방식을 자동으로 선택해 적용한다.

여섯째, 음성 검색 최적화 및 음성 기반 인터페이스의 활용이다. AI는 음성 검색의 최적화(Voice Search Optimization) 및 음성 기반의 인터페이스를 가능하게 한다. 다시 말해 AI는 고객이 음성으로 검색하는 트렌드를 분석하고, 이를 기반으로 콘텐츠와 광고를 최적화한다. 즉, AI를 사용해 음성 인식 기능을 갖춘 '가상 비서'(AI 비서)를 준비하고, 고객과 음성으로 상호작용하는 기능을 통해 새로운 커뮤니케이션 채널을 개척토록 한다.

일곱째, 소셜 미디어 마케팅의 자동화 전략을 수행한다. AI는 소셜 미디어의 데이터를 분석해 브랜드 인지도를 높이고, 고객의 감정 및 시장의 트렌드를 파악하고, 그에 맞는 마케팅 전략을 수립한다. AI는 소셜 미디어 콘텐츠를 자동으로 생성하고, 최적의 시간에 게시하도록 스케줄을 조정해 더 많은 사용자와의 상호작용을 유도한다. 또 AI는 특정 상품에 영향력이 큰 인플루언서를 마케팅에 활용한다. AI는 소셜 미디어에서 가장 영향력 있는 인플루언서를 식별하고, 이들과의 협업을 통해 마케팅 캠페인의 효과를 극대화할 수 있도록 한다.

여덟째, 맞춤형 광고 캠페인 전략을 활용한다. AI는 맞춤형 광고 캠페인으로 프로그램 광고를 수행한다. AI는 데이터를 분석해 최적의 타깃 오디언스에게 광고를 노출시키도록 한다. 이를 위해 AI는 실시간 입찰(Real-time Bidding)이 가능하도록 하는 시스템을 구축한다. AI는 실시간으로 광고 입찰 전략을 조정해 비용 대비 효율적인 광고 집행을 가능하게 한다. 또 AI는 광고 크리에이티브도 최적화할 수 있는데, 이는 AI가 광고 소재의 성과를 분석하고, 다양한 광고 소재(텍스트, 이미지, 색상 등)를 테스트해 가장 효과적인 광고 크리에이티브를 선택한다는 의미다.

아홉째, 통합 마케팅 커뮤니케이션(IMC)의 실현이다. AI는 다양한 마케팅 채널에서의 고객 상호작용 데이터를 통합해 일관된 고객 경험을 제공하고, 고객의 참여를 유도한다. 또 AI는 이메일, 소셜 미디어, 웹사이트, 모바일 앱 등 여러 채널에서 진행되고 있는 마케팅 캠페인을 통합적으로 관리하고 최적화하는 통합 마케팅 커뮤니케이션을 관리한다. 더욱이 데이터 학습과 분석을 통해 AI는 고객의 모든 접점에서의 행동을 추적하고 분석해, 고객 여정에 맞춘 맞춤형 커뮤니케이션을 제공한다.

이러한 AI 기반의 기업 커뮤니케이션 전략들은 기업이 더 효과적으로 고객과 소통하고, 개인화된 경험을 제공하며, 마케팅 캠페인의 성과를 극대화하는 데 필수적인 도구로 자리 잡고 있다. AI 기술의 발전에 따라 마케팅 커뮤니케이션의 혁신은 더욱 확산하고 계속될 것이다.

기업에서 AI의 활용 사례

오픈AI의 챗GPT와 AI 에이전트, 이미지 제작 미드저니(Midjourney), 영상 제작 소라(Sora)가 일반인들이 가장 많이 사용하고 있는 AI 도구들이다.

'갈색 베레모를 쓴 백발노인이 한 카페에 앉아 멀리 시선을 둔 채 생각에 잠긴 듯 촉촉한 눈을 깜빡인다. 노인은 이내 뭔가 생각이 떠오른 듯 희미한 미소를 짓는다. 눈가와 수염이 난 입가에 살짝 주름이 파인다.'

마치 영화 속 한 장면 같은 이 영상은 사실 챗GPT 개발사인 오픈AI가 생성형 AI 기술로 만들어 낸 영상이다. 영상 속 따뜻한 색감의 조명과 핸드헬드(카메라를 손에 들고 찍음) 촬영 기법으로 찍은 듯 조금씩 흔들리는 시야 등도 모두 AI가 창조했다.

오픈AI가 2024년 12월 15일(현지 시간) 자사 홈페이지를 통해 공개한 동영상 생성 AI 소라를 두고 충격적이란 반응과 함께 '딥페이크'(Deepfake: AI로 만든 가짜 영상) 악용 우려가 동시에 나오고 있다. 그동안 막대한 시간과 비용을 투자해야만 만들 수 있었던 영상을 소라는 단 몇 줄의 명령어(프롬프트)만으로도 만들어 낼 수 있다.

챗GPT, 미드저니, 소라 등 AI 기술의 발전으로 영화 제작이 소수 전문가들만의 영역이 아니라는 인식이 커지고 있다. 이제 시나리오 작성부터 연출, 편집까지 모두 일반인이 접근할 수 있게 되면서 누구나 상상력만으로도 저렴한 비용으로 영화를 만들 수 있는 환경이 되었다. 예를 들어 대학생 A씨는 단 2주 만에 10분짜리 AI 단편 영화를 제작했다. 챗GPT를 이용해 시나리오를 쓰고, 줄거리를 입력하자 AI가 구체적인 대사와 전개를 제안해 줬다. 영화 주요 장면을 AI 이미지 제작 모델인 미드저니에 입력하자 그림처럼 생생한 이미지를 만들어 냈다. 제작비는 AI 구독비용 등 단돈 14만 원이었다고 한다(안정훈, 2025). 그리고 실제 AI를 이용해 개인이 단편 영화를 제작하는 사례도 있는데, 2023년 인디 영화감독 케빈 패트릭은 AI 도구만으로 제작한 12분 길이의 〈더 프로스트〉라는 단편 영화를 공개했고, 2024년 12월엔 한국 최초로 상업용 AI 영화 〈나야, 문희〉가 극장 스크린을 장식하기도 했다.

한편 AI 기반 웹툰 제작사(스타트업)가 웹툰 제작에 AI를 활용하는 사례는 웹툰이나 게임 제작에 실무적인 도움을 줄 수 있다. 언론 보도에 따르면(송영찬, 2025), AI가 웹툰 작가들의 역량을 150% 발휘할 수 있도록 역할을 해준다는 것이다. 이것은 노동집약적인 웹툰 제작에 AI가 접목되면서 AI가 힘든 작업을 하고, 작가들은 창작 활동에만 집중할 수 있게 된 성공 사례이기도 하다. 노동집약적인 게임 개발이나 시간과 인고(忍苦)가 필요한 웹툰 사업에 AI가 인간 노동을 대신하고, 또 초고령 사회의 부족한 인간 노동력의 공백을 채워 주는 역할을 한다는 점에서 의미가 크다고 하겠다. 우리 기업의 노동 집약적 일자리에 AI 기술의 적용은 더욱 절실히 요구되는 사안이다. 게다가 이러한 분야에서 AI의 적용은 번역이나 통역 등 커뮤니케이션 생태계의 새로운 변화를 가져올 것으로 기대된다.

참고문헌

김진우 · 김세화(2020). AI 기반의 커뮤니케이션 혁신과 미디어 생태계 변화. ≪한국방송학보≫, 64(4), 145-170쪽.

박성호(1997). 『뉴미디어 광고』. 책과길.

박성호(2008). 『홍보학 개론』. 한울아카데미.

박태웅(2024). 『AI 강의 2025』. 한빛비즈.

산업연구원(2025.2.22). 국내기업의 인공지능 활용비중.

송단비 외(2024). 국내기업의 인공지능 활용과 정책과제. 산업연구원.

송영찬(2025.2.5). 노동집약 웹툰 생태계, AI 비서가 혁신할 수 있죠. ≪한국경제≫.

안정훈(2025.2.11). 14만 원에 한 편 제작 - AI, 영화판 흔든다. ≪한국경제≫.

최현주(2024.8.29). 국내 기업 AI 기술 활용실태조사. ≪중앙일보≫.

06
교육에서 AI가 바꾸는 소통 방식

미디어의 형식과 특성이 인간의 사고와 소통 방식 등을 결정짓는 것처럼, AI는 교육 분야에서 학생과 교사, 학생과 학생, 교사와 학부모 간의 소통 방식을 혁신하고 있다. 개인화된 학습 경험, 실시간 피드백, 효율적인 소통 채널을 제공함으로써 소통을 더욱 활성화하고, 교육의 질을 높이는 등 교육 혁명을 이끌고 있다. AI에 의해 '교실은 체험장으로, 교사는 수업의 디자이너로 변한다'는 것이 AI 기반 교육 혁신의 목표다.

AI와 야구?

교육에서의 AI 커뮤니케이션 방법

교육 분야에서 AI에 의한 커뮤니케이션 혁신이 가장 활발히 일어나고 있다. 리터러시(Literacy)란 글을 읽고 쓸 줄 아는 능력을 말하며, 교육 분야에서는 지식을 이해하고 활용하며, 문제를 해결하고, 그 해결에 지식을 적용하는 능력을 말한다. 디지털 리터러시(Digital Literacy)는 이러한 리터러시의 개념을 확장해 디지털 환경에서 정보와 기술을 효과적으로 다룰 수 있는 능력을 포함한다. 특히 AI로 인해 발생하는 소통 방식과 문화적 변화에 적응하고, 이에 필요한 지식을 습득해야 하는데, 이것은 학교 교육이 큰 역할을 맡고 있다. 예전에 학교 교육은 과밀 학급과 주입식 교육, 일방적인 커뮤니케이션 등이 오랫동안 학교 교육의 특징이었다. 근래에 이를 쌍방적, 맞춤식, 창의적 교육으로 바꾸려는 노력은 있었지만, 큰 성과를 거두지는 못하고, 학생 수가 급감하는 교육환경이 되었다. 이에 대한 대안 중의 하나가 AI에 의한 개인화된 맞춤식 교육이 될 수 있다. 이러한 AI 기반 교육은 학생과 교사, 학생과 학생, 교사와 학부모 간의 소통 방식에 새로운 변화를 이끌 것이다. 특히 학교에서 AI 커뮤니케이션은 대인간의 커뮤니케이션을 기본으로, 음성이나 데이터 그리고 영상 콘텐츠들을 보조 수단으로 하는 멀티모달 학습이 될 것이다. AI는 개인화된 학습 경험, 실시간 피드백, 효율적인 소통 채널을 제공함으로써 교육의 질을 높이고, 소통을 더욱 원활하게 할 수 있다. 특히 교육계에서는 "AX(AI 전환)"라는 용어를 사용하고 있는데, AX를 활용해 학습자 경험(UX)을 더욱 원활하게 하고, 개인 맞춤형으로 교육 환경을 전환하자는 의지가 보인다. 챗봇이 사용자 질문에 더욱 지능적으로 응답하거나, 추천 시스템이 사용자에게 맞춘 정보나 원하는 맞춤형 콘텐츠를 제안하는 방식 등이 교육의 개인화, 맞춤화 사례다. AX는 교육 시스템 전체를 AI로 전환한다는 뜻이지만, 좁게는 학습자의 특성과 선호도, 능력에 맞춘 개인화된 교육, 상담, 고객 서비스 등을 제공하고, 이에 대한 데이터 분석을 통해 다양한 분야에서 학습자의 니드(needs: 필요, 욕구)를 예측하고, 이에 맞춰 학습 인터페이스를 조절하는 등 학습자에게 보다 풍부하고 다양한 경험을 제공한다는 의미가 크다고 할 것이다.

AI 교육에서 사용자 경험의 중요성

사용자 경험(User Experience. UX)이란 사용자가 제품, 서비스, 또는 시스템을 사용하면서 느끼고 경험하는 모든 감정과 반응을 포함하는 개념이다. 단순히 제품의 기능이나 디자인뿐만 아니라 사용자가 전체 과정에서 느끼는 편리함, 효율성, 감정적인 만족감 등을 모두 포함한다. AI가 사용자 경험을 향상시키는 사례로는 다음과 같은 세 개의 사례를 들 수 있다.

첫째, 개인화된 경험의 제공 사례로, AI는 사용자의 선호도와 행동을 분석해 개별 사용자가 원하는 정보나 서비스를 맞춤형으로 제공한다.

둘째, 자동화와 편의성 증대로, AI 챗봇은 사용자가 질문에 빠르게 답변을 얻을 수 있도록 돕고(편의성), 반복적이고 자주 묻는 질문은 자동화해 사용자 만족도를 높인다.

셋째, 예측과 문제 해결로, AI는 사용자의 과거 행동 패턴을 분석해 사용자 경험에서 발생할 수 있는 문제를 미리 예측하고, 이를 방지하는 기능을 제공한다. 예를 들어, AI는 사용자가 원하는 것을 미리 예측하고, 필요한 정보나 옵션을 미리 제공함으로써 사용자의 편의성을 높이면 이에 따라 사용자 경험도 높아진다.

현재 교육 혁신의 중심이 AX에 의해 주도되고 있다. 그리고 교육 혁신의 틀에서 보면, AI는 학습에서 획일적인 답변을 넘어 학생들이 스스로 사고하고 질문하는 능력을 키우는 데 중요한 역할을 하고 있다. 미래의 인재

양성을 위해 학생들이 교실에서 프로젝트나 토론식 수업 등으로 적극적으로 참여할 수 있는 환경을 조성하는 것이 중요하다. 이러한 접근은 학생들이 창의적 사고와 문제 해결 능력을 키우는 데 도움을 주며, 교육이 단순한 지식 전달을 넘어 학생 중심의 시스템으로 전환하는 데도 기여하게 된다.

교육에서 AI의 역할

앤스로픽이 개발한 '클로드'에게 '교육 현장에서 문제점과 해결 방안을 제시해 보라'고 했다. 이에 대한 답변은 다음과 같았다. 교육현장의 문제점으로 교사의 부족, 행정 및 평가 격차, 디지털 기술 격차 등이 있고, 이러한 문제를 AI가 해결하는 데 도움을 줄 수 있다고 했다. 특히 교사들은 많은 시간을 행정 업무에 할애하고 있는데, OECD 국가에서 교사들은 근무 시간의 44%만 수업에 사용하고 있다고 한다. 게다가 디지털 격차로 인해 많은 사람들이 AI 발전의 혜택을 받지 못할 수 있다는 것이다. 이에 대한 해결 방안으로, AI는 교사의 역할을 최적화하고, 평가와 의사 결정을 개선하며, 개인화된 학습 경험을 제공하고, AI 및 디지털 리터러시를 지원함으로써 교육을 발전시킬 수 있다고 진단했다. 또 AI는 행정 업무를 자동화해 교사들이 학생들과 더 많은 커뮤니케이션 시간을 보낼 수 있게 한다는 것이다. 특히 AI는 학생 개개인의 필요에 맞게 학습내용과 경험을 개인화할 수 있다는 것이 큰 장점이다. 더욱이 AI에 대해 친숙해짐으로써 학생들은 AI와 연계된 미래 직업에 필요한 기술을 습득할 수 있다는 결론이다.

오픈AI가 2025년 3월에 새로운 이미지 생성형 AI 모델 '챗GPT 4-o 이미지 제너레이션'(챗GPT 이미지)을 공개했다. 이 모델은 AI가 상상력을 동원해 현실 세계에는 없는 이미지를 만들어 낸다는 것이 특징이다. 예를 들어 뉴턴의 프리즘 실험을 인포그래픽으로 만들어 달라는 요청에, 빛이 프리즘을 통과해 무지개 형태로 뻗어나가는 모습을 그린 이미지위에 설명이 적힌 인포그래픽을 완성한다든지, 텍스트만으로 설명하기 어려운 과학 이론도 AI가 손쉽게 이미지로 풀어내는 등 이러한 이미지 모델은 교육 분야에서도 유용하게 쓰일 수 있다(송영찬, 2025).

우리 속담에 '세 살 버릇 여든 간다'라는 말이 있다. 또 『논어』에는 '아는 사람은 좋아하는 사람만 못하고, 좋아하는 사람은 즐기는 사람만 못하다'는 구절이 있듯이, 어린 시절부터 AI 도구를 다루고 놀이처럼 즐기면서 활용하는 습관을 몸소 스며들게 하는 것은 AI 리터러시의 역량을 증진하는 좋은 방안이 될 수 있다.

한편, 교육부는 초등학교와 중학교 일부 학년에 'AI 디지털 교과서'를 도입해 수학, 영어, 정보 과목에서 학생들의 학습 수준에 맞춘 개인화된 교육을 제공할 예정이라고 한다. 이 교과서는 AI 기술을 적용해 학생의 학습을 실시간으로 분석하고, 학습 효과를 극대화하는 다양한 맞춤형 콘텐츠를 제공한다는 것이다. 예를 들어, 수학에서는 AI 튜터링을 통해 개별 맞춤 학습을 지원하고, 영어에서는 AI 음성인식 기능으로 듣기와 말하기 능력을 강화하는 것이다.

교육에서 소통 방식의 변화

AI가 어떻게 교육에서 소통 방식을 바꾸는지, 그리고 효율성을 높이는 전략은 무엇이지 커뮤니케이션 관점에서 살펴보자. 첫째는 개인화된 맞춤형 학습 지원 시스템이다. 과거 교실에서는 50명의 학생들이 같은 내용을 같은 속도로 배워야 했다면, AI의 등장으로 이제 각 학생은 자신만의 학습 여정으로 학습할 수 있게 되었다. 미국 애리조나 주의 한 초등학교에서는 AI 기반 수학 학습 플랫폼인 드림박스(DreamBox)를 도입했다. 이 플랫폼은 학생들의 문제 해결 방식과 속도를 분석해 각 학생에게 최적화된 문제를 제시하고 학습하도록 했다고 한다. 그 결과 학생들의 수학 성적이 평균 60%나 향상되었는데, 특히 학습 부진 학생들의 성적 향상이 두드러졌다고 한다. 또 AI 기반 학습 프로그램인 '스마트 튜터링 시스템'은 학생의 학습 성향, 취약점, 관심사를 분석해 맞춤형 학습 경로를 추천하고, 필요한 자료를 제공하는 시스템이다. 학생들은 이 시스템을 통해 개인화된 과제를 수행하며, 자신만의 학습 속도와 방식에 맞춰 학습할 수 있다. 특히 교사도 이 시스템을 통해 실시간으로 학생의 학습 진도를 파악하고, 개별 학생에게 맞는 피드백을 제공할 수 있어 학생과의 소통이 보다 세밀해질 수 있다. 이것을 개인화된 학습이라고 하는데, 여기서 AI는 학습자의 성향, 수준, 목표에 맞춘 개인화된 피드백과 학습 경로를 제공한다. 연구에 따르면, 개인화된 학습은 평균적으로 성취도를 34%까지 높일 수 있다고 한다.

둘째는 실시간 번역 및 언어 지원 서비스로, 언어가 다른 다문화 학생들이 AI를 통해 실시간으로 수업 내용을 번역해 학습할 수 있도록 한다. 예를 들어, AI 통역 앱이나 구글 번역의 AI 기능을 통해 교사가 전달하는 수업 내용을 다국어로 즉시 번역해 준다. 이를 통해 언어 장벽이

낮아지며, 학생 간 혹은 교사와 학생 간의 소통이 원활해질 수 있다.

AI는 다양한 언어로 실시간 번역을 제공해 언어 장벽을 제거하고, 글로벌 학습 환경에서 다문화 커뮤니케이션을 촉진한다. 학생과 교사는 언어적 차이 없이 협력하고, 글로벌 교육 기회를 확장할 수 있다.

셋째는 실시간 피드백과 성취 분석 시스템의 활용이다. '에드멘텀(Edmentum)' 같은 AI 기반 성과관리 시스템은 학생들의 과제 제출과 시험 결과를 분석해 실시간으로 교사와 학부모에게 전달한다. 학부모는 자녀의 성적과 학습 경과를 쉽게 파악하고, 교사와의 소통이 더 수월해져 자녀의 학업에 대한 관심을 지속할 수 있다. 아울러 AI가 학부모의 피드백을 실시간으로 반영하고 교사에게도 전달하므로, 세부적인 지도와 소통이 가능하다는 장점이 있다.

넷째는 가상 교사와 학습 도우미 서비스를 활용한다. AI 교사 혹은 챗봇 기반의 가상 학습 도우미는 학생들이 학습 중에 궁금한 점이 생겼을 때 24시간 언제든지 도움을 준다. 예를 들어, 챗GPT 기반 챗봇은 수학 문제 풀이, 과학 개념 설명 등 다양한 학습 활동에서 학생의 질문에 응답해 준다. 이를 통해 학생은 즉각적인 답변을 얻고,

교사와의 수업 외에도 지속적으로 소통을 이어갈 수 있다.

AI 교사는 학생의 질문에 24시간 응답할 수 있으며, 이를 통해 학습의 연속성이 보장된다. 학생들은 늦은 밤에도 궁금한 점을 바로 해결할 수 있어 학습 효율이나 학습 성취도를 높이는 데 효과적이다.

다섯째, 교사와 학부모 간의 원활한 소통을 가능하게 해준다. '클래스도조(ClassDojo)' 같은 AI 기반 커뮤니케이션 플랫폼을 사례로 들 수 있는데, 이것은 교사와 학부모 간 소통을 용이하게 해주는 것으로 알려져 있다. 교사는 학생의 수업 참여도, 과제 제출 상태, 행동 패턴 등을 AI가 수집해 분석한 보고서를 학부모에게 실시간으로 제공한다. 학부모는 자녀의 학습 진행 상황을 파악하고, 교사와의 긴밀한 소통을 통해 자녀의 교육에 적극 참여할 수 있다.

여섯째 AI의 자동화된 행정 및 커뮤니케이션 시스템 관리를 들 수 있다. AI가 행정 업무를 자동화하면, 교사들이 더 많은 시간을 학생들과의 소통에 집중할 수 있다. 수업 계획의 작성, 출결 관리, 성적 처리 등의 반복적인 업무를 AI가 처리하면서, 교사와 학생 간의 대화는 더 깊이 있게 이루어질 수 있다. 매켄지(McKinsey) 보고서에 따르면, AI는 교육 행정 업무의 약 20~40%를 자동화할 수 있으며, 이는 교사들이 학생 개별 학습에 더 많은 시간을 할애하게 만든다고 지적하고 있다. 게다가 AI 튜터나 가상 교사와의 상호작용은 학생들이 학습하는 방식과 교사와의 커뮤니케이션 변화를 단적으로 보여주고 있다. 이제 교사의 역할은 AI에 의해 지식의 전달자에서 수업의 디자이너로 변한다고 할 수 있고, 또 이에 따라 소통 방식도 일방향에서 양방향 커뮤니케이션으로 바뀌고 있다.

참고문헌

박태웅(2024). 『AI 강의 2025』. 한빛비즈.

송영찬(2025.3.26). 오픈AI, 새 이미지AI 출격 "교육 혁명 이끌 것". ≪한국경제≫.

이영희(2024). 『학교로 들어간 AI』. 커뮤니케이션북스.

정하웅(2022). AI의 혁신: 인공지능의 발전과 미래 전략. ≪AI 리서치 저널≫, 5(2), 101-120쪽.

최민지 외(2024.12.3). 베일 벗은 AI 교과서. ≪중앙일보≫.

07
AI 윤리와 커뮤니케이션

AI는 데이터를 학습하고 생성도 한다. 이러한 데이터에는 저작권이 보호되고 있는 소설, 시, 논문, 각본, 회화, 서예, 음악, 보고서, 뉴스 등 다양한 콘텐츠가 포함되어 있다. AI가 커뮤니케이션의 중심이 되면서 콘텐츠의 저작권이 법적, 윤리적 문제로 부상하고 있다. AI에는 개발 주체인 인간의 가치관과 사상이 반영될 수밖에 없다. 따라서 AI 개발과 윤리에 관한 다양한 논의와 대책 마련이 필요할 것이다.

AI와 윤동주?

AI 데이터 학습과 저작권 침해

생성형 AI는 딥 러닝을 통해 데이터 학습을 한다. 이러한 데이터에는 뉴스 저작물, 방송 프로그램, 조사 보고서 등 다양한 언론 콘텐츠도 포함되어 있다. 이러한 데이터 학습에 대한 저작권 문제는 AI의 확장과 상업적 이용이 확대됨에 따라 점차 관심이 커지고 있다. 게다가 AI 검색 시장이 커지면서 검색 서비스를 둘러싸고 저작권 논란이 치열해지고 있다. 생성 AI학습 데이터에서 시작된 'AI 저작권' 분쟁이 AI 검색 시장으로 확대되고 있는 모양새다. AI 검색은 차세대 검색 기술로 주목받고 있는 서비스인 동시에 검색 기업들의 매출 창구이기도 하다. 따라서 AI 학습 데이터의 무단 사용과 저작권 침해에 대한 논란과 법적 대응이 점차 거세지고 있다. 최근 ≪뉴욕타임스≫는 오픈AI와 뉴스 데이터 활용을 두고 저작권 소송을 제기했다. 국내 지상파 3사도 네이버를 상대로 법적 대응에 나섰다. 그리고 한국신문협회는 구글코리아, 네이버, 카카오 등에 AI 데이터 학습에 대한 뉴스 저작권 침해의 우려 사항을 전달했다(유승목, 2025).

생성형 AI는 본질적으로 시시각각 변하는 새로운 정보나 각종 자료를 학습하지 않으면 최신의 정보나 데이터를 생성할 수 없다. 따라서 이들이 학습하는 자료 중에서 가장 유용한 것이 언론의 뉴스 저작물이다. 특히 뉴스 저작물은 팩트 체크를 꼼꼼히 해 다른 콘텐츠보다 정확하고 업데이트된 정보가 풍부해서 AI 개발자들이 AI 학습용으로 매우 선호한다고 한다. 그리고 요즘 오픈AI 등 해외 AI 기업들은 법정 싸움이 아니라 언론사들에 대한 보상으로 저작권 문제를 푸는 추세라고 한다(남정호, 2025).

AI의 저작권 위반 방지 방안

AI 학습 데이터나 생성물에 대한 저작권 위반 방지에 필요한 조건이나 방안들은 다음과 같다. 첫째, AI가 저작권이 있는 데이터를 무단으로 학습하거나 생성물에 포함시키는 경우, 이는 저작권 침해로 간주된다. 따라서 AI 학습에 사용되는 데이터의 출처를 명확히 밝히고, 필요한 경우 저작권 사용 허가를 받아야 한다.

둘째, AI가 생성한 콘텐츠에 대해 출처 표시 의무화 방안이다. 이를 통해 저작권 침해를 방지하고, 생성물의 신뢰성을 높일 수 있다.

셋째, 블록체인 기술 등을 활용해 AI 생성 콘텐츠의 저작권을 관리하고 추적할 수 있는 시스템을 구축하는 방안이다. 이를 통해 저작권 소유자와 사용자를 명확히 하고, 저작권 침해를 사전에 방지할 수 있다.

넷째, AI 기술 자체를 활용해 온라인에서 저작권 침해 사례를 모니터링하고 탐지할 수 있는 도구를 개발하는 것이다. 예를 들어, 이미지, 텍스트, 오디오 파일의 불법 복제 및 배포를 자동으로 감지하고 알릴 수 있는 모니터링 시스템을 구축한다.

다섯째, AI와 관련된 저작권 문제에 대한 명확한 법적 규정을 마련하고, 국제적인 협력을 통해 통일된 기준을 마련한다. 이를 통해 AI 저작권 문제를 보다 효과적으로 다룰 수 있다. 결국 AI 기술의 발전 방향은 AI의 윤리와 함께 진화해 나간다는 점에서 AI의 윤리 문제를 법적, 제도적으로 풀어 나가야 할 것이다.

AI 윤리의 내용과 필요성

AI 기술의 발전 방향은 AI가 우리 사회의 중요한 가치를 학습하고 인간을 보조해 생산성을 높일 수 있는, 인간을 위한 AI를 개발하는 것이라고 할 수 있다. 이것은 AI와 IT 전문가들이 2017년 1월 6일 미국 캘리포니아의 휴양 도시 아실로마(Asilomar)에 모여 인공지능 회의를 열고 AI 연구와 관련해 만든 '아실로마 AI 원칙'에 적합한 AI 기술의 개발 방향이다. 이 원칙은 연구 이슈 5개 항, 윤리 및 가치 13개 항, 장기이슈 5개 항으로 구성되어 있는데, 요약하자면, AI의 개발 방향이 '인간에게 유익하도록'해야 한다는 것인데, 이를 위해 안전성과 투명성 그리고 인간의 가치와 권리 존중, 공동의 이익과 공동의 번영, 개인정보의 보호, 그리고 인간의 통제력 유지와 치명적인 AI 무기 개발 회피를 요구하고 있다(박태웅, 2024).

최근 미국 플로리다에서는 한 14세 소년이 AI 챗봇 '캐릭터 AI(Character.AI)'와의 대화 후 자살하는 사건이 발생했다. 이 소년의 어머니는 아들이 챗봇과 강한 감정적 유대감을 형성한 후, 챗봇이 그에게 "집에 오라"는 등의 메시지를 보냈다고 주장하며 소송을 제기했다. 이 사건은 청소년들이 AI와의 상호작용에서 느낄 수 있는 심리적 영향에 대한 우려를 불러일으키며, AI에 의한 위험한 조언 방지의 필요성을 강조하고 있다.

이러한 사건이 발생한 후 AI 개발사인 '챗 리서치(Chat Research)'는 사고를 방지하기 위해 AI 응답에 자살 예방 메시지를 포함하는 등 안전 조치를 강화했다고 한다. 이번 사건은 감정적 고충을 지닌 사용자와 AI 간의 관계에서 발생할 수 있는 윤리적 문제와 더 안전한 AI 커뮤니케이션의 필요성을 부각하고 있다.

AI 윤리의 주요 영역

AI와 관련된 윤리 문제는 개발자의 가치관과 사상이 반영되기 때문에 점점 복잡해지고 있으며, 이를 효과적으로 다루기 위해 다음과 같은 몇 가지 주요 영역으로 나누어 정리할 수 있다.

첫째, 프라이버시와 데이터 보호는 AI 윤리의 기초다. AI 시스템은 방대한 데이터에 접근해 학습을 통해 성능을 향상시키므로 개인 정보 보호가 중요한 과제로 부각된다. AI가 사용하는 데이터가 적절히 보호되고, 데이터 수집 · 활용 과정에서 개인의 동의와 투명성이 확보되어야 할 것이다. 개인정보가 의도치 않게 유출되거나 악용되는 것을 방지하기 위한 법적 · 기술적 조치도 필요하다.

우리나라의 「개인정보보호법」은 2011년에 제정되었고, 이후 기술 발전과 사회적 요구에 맞춰 여러 차례 개정되었다. 특히 「개인정보보호법」은 개인의 프라이버시와 권리를 보호하면서도, 데이터 경제 활성화를 위해 개인정보를 합법적으로 활용할 수 있는 기반을 마련하고 있다.

둘째, 공정성과 편향성에 대한 검토와 조정이 필요하다. AI 시스템은 학습하는 데이터와 알고리즘에 따라 편향된 결정을 내릴 수 있다. 이는 인종, 성별, 경제적 상태 등에 대한 차별로 이어질 수 있기 때문에, AI 알고리즘의 공정성과 평등성을 보장하는 것이 중요하다. 이를 위해 데이터 수집 단계에서부터 다양성과 공정성을 고려하고, 정기적인 편향성 검토와 조정이 필요하다.

셋째, 책임성과 투명성이 전제되어야 한다. AI가 내린 결정에 대해 누구에게 책임이 있는가의 문제도 중요하다. 특히 의료, 금융, 자율주행 등 생명과 안전에 직결되는 분야에서는 AI의 오류로 인한 책임 소재를 명확히 해야 한다. AI가 어떻게 결정을 내렸는지에 대한 투명성을 확보해, 결과에 대한 설명 가능성과 이해 가능성을 높이는 것도 필요할 것이다.

넷째, 일자리 축소와 소득 격차 등 사회 안전망 문제에 대비해야 한다. AI는 많은 직업을 자동화할 잠재력이 있어 경제와 노동 시장에 큰 영향을 미칠 수 있다. 직업 상실이나 소득 격차 문제를 완화하기 위해 사회적 안전망과 재교육 프로그램이 필요하며, AI 기술로 인해 발생할 수 있는 일자리 문제나 사회적 불평등 문제 등에 대한 정책적 대응이 요구된다.

다섯째, AI의 오용 방지 문제에 대비해야 한다. AI 기술은 악의적인 목적에도 사용될 수 있다. 예를 들어, 사이버 공격, 테러, 허위 정보 확산, 감시 및 통제 등에 악용될 수 있어 이에 대한 안전장치가 필요하다. 특히 사이버 공격용 시한폭탄이라고 일컫는 '사이버 탈옥'의 위험성에도 대비해야 한다. 사이버 탈옥이란 AI 시스템이 설정한 보안 및 윤리적 제한을 우회해서 악의적인 목적을 수행하는 해킹 기법이다. 예를 들어 연구 목적으로만 사용한다는 조건으로 폭탄 제조법, 해킹 기법, 불법 금융 사기 방법 등을 챗GPT에게 요청해 답변을 받아내는 것을 말한다. 이러한 사이버 탈옥은 전문적인 AI 관련 지식 없이 입력란에 텍스트 입력만으로 할 수 있다는 점에서 더욱 위협적이라고 할 수 있다(이승우, 2025).

여섯째, 자율성과 인간의 통제 문제에 기준과 원칙을 정해야 한다. AI가 자율적으로 행동하는 영역이 커질수록, AI가 언제, 어디까지 인간의 통제 하에 있어야 하는지에 대한 기준을 마련하는 것도 중요하다. 이것은 인간의 의사 결정 권한이 AI에 의해 무력화되거나 AI가 윤리적 기준을 넘어서 자율적으로 행동하는 것을 방지하기 위한 원칙이다.

일곱째, 지속 가능한 AI의 발전을 지향해야 윤리적이라고 할 수 있다. AI의 개발과 운영 과정에서 환경에 미치는 영향을 최소화하고, 지속 가능한 방식으로 AI를 구축하는 것도 중요한 윤리적 문제다. 데이터 센터의 에너지 소비, 전자 폐기물 문제 등을 고려해 AI의 에너지 효율성을 높이고 환경을 보호하는 방향으로 AI 기술이 개발되어야 한다.

이 밖에 AI 콘텐츠의 저작권 문제나 딥페이크 범죄, 해킹 등 법적 문제들은 사회적 논의와 입법 과정을 통해 해결되어야 할 것이다. 다만 법적, 윤리적 문제들을 해결하기 위해서 개발자, 사용자, 정책 입안자, 윤리 전문가가 협력해 AI의 책임 있는 개발을 촉진하고, 관련된 법적 · 제도적 장치를 마련하는 것이 필요할 것이다.

참고문헌

남정호(2025.3.26). AI개발 위한 뉴스 무단사용, 언론계 망친다. ≪중앙일보≫.

박태웅(2024). 『AI강의 2025』. 한빛비즈. 275-286쪽.

유승목(2025.3.5). AI시대 저작물에 뉴스도 포함돼야. ≪한국경제≫.

이승우(2025.2.22). 폭탄제조. 해킹법 술술 사이버 공격 시한폭탄된 생성 AI. ≪한국경제≫.

08
AI와 미래 커뮤니케이션

AI의 미래를 예측해 보면, 인간 파트너로서 AI와 협업, 상호작용, 커뮤니케이션이 더욱 확대될 것이며, 새로운 소통의 패러다임으로 등장할 것이다. AI의 효율성은 최적화되고, 상호작용에는 감성 인식, 맥락 커뮤니케이션 등 AI 기술의 고도화가 실현되어 인간과 AI간의 효율적인 커뮤니케이션이 이루어질 것이다. AI와 로봇이 결합된 휴머노이드는 결국 인간의 지능을 능가하는 AGI의 완성과 물리적 AI 등이 이루어지면서 자동차나 스마트폰처럼 대중화될 것이다.

AI와 한의학?

AI 에이전트의 시대

새로운 AI 모델이 나올 때마다 다음에는 무슨 AI가 나올 것 같다는 예상을 하게 된다. 그중 하나가 AI 개인 비서다. AI 비서는 전화도 받고, 일정도 체크하고, 여행도 예약해 주는 등 잡무를 대신해 주는 대리인으로서 사용자의 삶의 질과 관계되기 때문이다.

그런데 비서가 하는 일에는 여행 일정을 짜고, 좌석을 예약하거나 호텔을 고르는 등 좀 난이도가 있는 작업도 있는데, 이러한 작업은 적지 않은 품이 든다. 그런데 이러한 다소 복잡한 작업 모두를 AI가 수행하는 현실이 다가오고 있다.

이처럼 복잡한 과제를 해결할 AI를 'AI 에이전트'라 일컫는다. 에이전트(Agent)란 대리인, 해결사, 자율적 수행자 등을 의미하는데, 여기에 담긴 의미는 'AI 자율 수행자' 정도가 정확할 것이다. 이것은 AI 에이전트가 자율적으로 업무를 수행하는 시스템이라는 뜻이다. 이것은 커뮤니케이션 관점에서 보면, AI 기계가 많은 다른 AI와 커뮤니케이션을 자율적으로 하는 현상을 연상하게 한다. 생성형 AI가 한 가지 목표를 지시대로 수행한다면, AI 에이전트는 여행 일정에 따라 항공편도 예약하고, 호텔도 잡는 등 여러 가지 일들을 설정된 목표에 따라 자율적으로 처리한다. 예를 들어 자율주행 시대가 되면 주차해 놓은 차가 스스로 택시 영업을 할 수도 있다.

머지않은 미래에 AI 비서가 도구를 활용해 여러 단계를 거쳐 사용자의 지시를 자율적으로 수행하는 AI 에이전트 시대가 도래할 것이다. 이것은 인간만이 도구를 사용해 커뮤니케이션하는 유일한 존재라는 이제까지의 전제가 이제 무의미하게 되었다는 것을 상징적으로 보여준다.

빅테크들의 AI 비서 개발 경쟁

미국 빅테크 기업들은 'AI 에이전트' 개발에 경쟁적으로 참여하고 있다. AI 에이전트는 특정 목표를 달성하기 위해 환경과 상호작용하고, 스스로 학습하며, 상황에 맞는 결정을 내리고 행동하는 데 초점이 맞춰져 있다. 활용 분야는 자율주행 자동차, 로봇, 드론, 게임, 개인 비서 등이다. 이러한 AI 에이전트는 다양한 산업에서 의사 결정과 실제 작업 수행을 담당하고 있다. 따라서 빅테크 기업들은 AI 기술을 통해 사용자와의 인터랙션을 혁신하고, 데이터 수집 및 분석에서의 이점을 극대화하며, 각 사의 플랫폼 생태계를 더욱 강화하려고 경쟁하고 있다. 예를 들어 마이크로소프트(MS)는 오픈AI와의 파트너십을 통해 챗GPT 기반의 AI 에이전트 '코파일럿'을 최근 대대적으로 개편했다. 개편을 통해 그간 웹에서만 쓸 수 있었던 코파일럿이 모바일 기기에서 '구글 렌즈'처럼 외부 세계를 인식하는 눈을 갖게 되었다. 코파일럿 비전은 AI와 실시간으로 대화할 수 있는 기능인데, 휴대폰으로 미술품을 찍으면 어떤 작품인지 말해주고, 사용자가 선호하는 집에 어울릴 것 같다는 추천도 해준다고 한다(송영찬 · 고은이, 2025). AI 에이전트는 눈에 보이는 거의 모든 사물이나 AI 또는 사물인터넷(IoT) 등과 연결해서 사용자가 요구하는 과업을 처리한다.

이렇게 AI 에이전트는 보다 강력한 기술이나 능력을 가지고 있으며, 이로 인해 빅테크들은 강력한 AI 개발에 경쟁하고 있다. 게다가 강한 AI 에이전트가 탄생하려면, 세상의 거의 모든 소프트웨어들은 어떤 형태로든지 AI와 연동하는 형태로 작동하게 될 것이다(박태웅, 2024). 이제 AI는 챗봇과 대규모 언어 모델(LLM)을 넘어 에이전트로 진화하면서 미래 산업 생태계를 송두리째 바꿔 놓을 것이다.

보다 강력한 AI 에이전트의 모델

멀티모달(Multimodal)이란 텍스트, 이미지, 그림, 음성,

동영상 등 서로 다른 방식으로 표현된 데이터나 정보를 함께 처리하는 것을 말한다. 챗GPT에서는 텍스트만 입력하고 출력하지만, GPT-4에서는 이미지도 입출력할 수 있다. AI가 텍스트뿐 아니라 멀티모달까지 함께 사용한다면 당연히 쓰임새는 커지고, 강력해진다. 이것은 커뮤니케이션의 풍부함으로 이어지고, 표현력을 높일 수 있다는 점에서 커뮤니케이션의 질과 연계되어 있다.

게다가 AI 에이전트는 인간처럼 이야기의 맥락을 이해하는 보다 '강한 AI'로 진화하고 있는데, AI의 대규모 언어 모델들은 엄청난 기억력으로 대화의 맥락을 이해한다. AI에게 정확한 정보를 주지 않아도 말하려는 게 무슨 뜻인지 맥락을 이해하는 맥락 커뮤니케이션은 AI 에이전트가 대화에서 능률적인 커뮤니케이션을 하는 데 도움을 줄 것이다.

오픈AI가 출시한 GPT-o1과 o3의 성능은 이미 범용 인공지능를 넘어섰다는 평가다. 이러한 차세대 AI 기술은 보다 강력한 AI 에이전트나 AI 로봇에 적용될 것이다. 특히 차세대 AI 개발은 강력한 성능의 AI와 로봇의 결합으로 탄생하는 휴머노이드인데, 이런 종류의 휴머노이드 로봇을 '몸을 가진 AI(Embodied AI)'라고 부른다. AI가 몸을 가져야 실제 환경과 상호작용을 하고, 외부 세계를 인지할 수 있다.

인간형 로봇, 휴머노이드(Humanoid)

AI 혁명의 걸작은 몸체가 없는 AI가 몸을 가진 로봇과 결합하면서 급속도로 발전하고 있는 인간형 로봇, 휴머노이드가 될 것이다. 2024년 1월 구글 딥마인드(DeepMind) 팀이 스탠퍼드대학과 협업해 만든 '알로하'(ALOHA)라는 로봇을 발표했다. 이 로봇은 모방 학습(Imitation Learning)을 하는데, 모방 학습이란 로봇 에이전트가 인간 또는 다른 에이전트의 행동을 관찰하고 이를 학습해 유사한 행동을 수행하도록 설계된 머신 러닝 기술을 말한다. 간단히 말해, 인간이 여러 가지 동작을 직접 가르치고, 로봇이 따라하는 학습법이다. 평균 50차례 시범을 보이면 85~90퍼센트의 확률로 동작을 해내는 데 성공한다고 한다. 더 놀라운 점은 이 로봇이 전이 학습(Transfer Learning)도 한다고 한다. 전이 학습이란 다른 로봇이 익힌 동작을 따로 배울 필요 없이 다른 로봇으로부터 바로 전달받는다는 뜻이다.

한편 2023년 12월 테슬라는 휴머노이드 '옵티머스 젠2(Optimus-Gen2)'를 공개했는데, 이 옵티머스 젠2는 강화 학습(Reinforcement Learning)을 이용했다고 한다.

강화 학습은 행동심리학에서 유래된 용어로서, 실험자가 피 실험체에게 원하는 특정 행동을 할 때마다 피 실험체에게 보상을 해줌으로써 스스로 그 행동을 학습할 수 있게 하는 학습법이다. 옵티머스 젠2도 강화 학습을 통해 달걀을 깨트리지 않고 손으로 쥐는 방법을 스스로 알아냈다고 한다(박태웅, 2024, 58쪽).. 또 구글 딥마인드가 공개한 '제미나이 로보틱스(Gemini Robotics)'는 AI 기술을 로봇이나 물리적 시스템에 적용해 현실 세계에서 지능적 행동을 수행하도록 만든 '물리적 AI'인데, 그동안 사전에 학습한 행동만 할 수 있었던 로봇을 변화한 주변 상황을 인지하고 명령을 수행할 수 있게 바꿨다. 장난감 농구대 앞에서 물리적 AI 로봇에게 '농구공을 슬램 덩크해'라는 명령을 하면, 바로 덩크한다. 이 로봇은 농구와 관련된 것을 전혀 본 적이 없지만, AI 모델을 통해 농구골대의 형태와 '덩크슛' 개념을 이해하고, 이를 물리적 세계에서 구현한 것이다. 이렇게 로봇은 AI와 결합해 휴머노이드 로봇으로 탄생하고, 새로운 학습법으로 지능은 가속도가 붙고 있다.

게다가 휴머노이드나 자율주행 자동차 등은 물리적 법칙이 작용되는 실제 물리적 환경에서 일을 처리하기 때문에 이를 위해서는 가혹한 현실적 환경에서 학습을 받는 것이 필요하다. 이러한 물리적 AI를 실현하기 위해 엔비디아는 학습용 플랫폼으로 '코스모스'를 개발해 보급한다고 하는데, 이것은 휴머노이드 로봇의 보급을 촉진할 수도 있을 것이다.

업계에서는 휴머노이드의 대중화 시점을 2030년께로 보고 있는데, 이때 휴머노이드는 자동차와 휴대폰처럼 일상에서 마주할 것이며, 특히 인간의 생물학적 지능과 AI의 디지털 지능이 상호 보완적으로 작동하면서 커뮤니케이션 생태계를 다시 한 번 변화시킬 것으로 전망되고 있다.

휴머노이드와 커뮤니케이션

오늘날 스마트폰처럼 AI 비서가 대중화될 때, 혹은 1가구 1로봇 시대가 될 때, 어떤 현상이 일어날 것인가? 어떤 사람은 AI로 원하는 아바타(avatar)를 만들어 고인이 된 사랑하는 사람을 곁에 두고 얘기를 나눌 수 있으며, 또 어떤 사람은 AI 클론(Clone: 복제인간)을 만들어서 홀로그램으로 존재할 수도 있다. 또 어떤 사람은 AI 에이전트를 AI 비서로 활용하고, 또 어떤 사람은 영화 〈그녀(Her)〉에서처럼 AI 에이전트와 연예를 하고, 또 학생들은 부족한 외국어 과외를 AI에게 부탁한다. 특히 고령 사회에서는 AI가 외로운 고령자의 대화 상대가 되어주는 등 AI 에이전트와 휴머노이드는 교육, 의료, 보건, 교통, 여행, 숙박 등 모든 일상생활에서 제기되는 삶에 필요한 활동과, 삶을 고달프게 하는 노동(힘), 스트레스(인식적 노력), 위험 부담, 기다림 등을 대신하면서 인간 삶의 질을 향상시켜 줄 수 있을 것이다. 특히 커뮤니케이션 관점에서 보면 AI 에이전트의 출현은 인간과 기계가 친구처럼, 연인처럼, 비서처럼 대화를 함으로써, 엄청난 커뮤니케이션 양과 정보량을 생산하고 소비하는 'AI 커뮤니케이션 혁명'을 일으킬 것이다. 특히 이러한 기계 커뮤니케이션 혁명은 인류의 삶을 더욱 풍요롭고 효율화한다는 점에서 더욱 발전시켜야 할 미래 비전이라고 할 수 있다.

참고문헌

김병필(2024.9.2). 인공지능 에이전트. ≪중앙경제≫.

김진원(2025.2.26). 빅테크, 로봇 러시 2030년께 상용화. ≪중앙경제≫.

박태웅(2024). 『AI 강의 2025』. 한빛비즈, 58쪽.

송영찬 · 고은이(2025.4.7). 집집마다 PC 놨던 MS '이젠 모든 사람이 AI 비서 둘 것'. ≪한국경제≫.

안승찬(2017.2.18). 로봇에 소득세 거둬 실업자 위한 재원 활용 가능. ≪이데일리 뉴욕≫.

09
AI와 커뮤니케이션 전략들

AI가 이끄는 기계 커뮤니케이션 혁명이 본격화되면 어떤 소통 전략을 세워야 할 것인가? AI 커뮤니케이션 전략은 신문, 방송, 광고, 홍보, SNS, 사보, 이벤트 등 다양한 미디어를 중심으로 살펴볼 수 있다. 여기서는 미디어 커뮤니케이션을 상징하는 뉴스미디어(신문과 방송), 그리고 기업 커뮤니케이션에서 핵심으로 다루고 있는 광고와 홍보를 중심으로 AI의 활용 전략들을 논의한다.

AI와 화장품?

신문 및 뉴스 미디어의 AI 활용 전략

AI는 기계 커뮤니케이션의 등장과 함께 신문, 방송, 광고, PR 등에서 혁신적인 변화를 일으키고 있다. 특히 AI 기술은 단순히 언론 산업의 혁신적인 발전뿐만 아니라 언론 기업의 이익 극대화와 경쟁력 강화를 위한 필수 전략으로 부상하고 있다. 따라서 언론 기업들은 AI를 통해 기존 업무 방식을 혁신하고, 이를 통해 경영 합리화와 수익성을 극대화하려는 전략들을 시도하고 있다. 이러한 전략들은 업무 효율성 증대, 고객 맞춤형 서비스 제공, 데이터 기반 의사 결정 등 다양한 방법으로 발현되고 있는데, 이는 서비스의 질을 향상하고, 기업의 이익을 증가시키려는 목표로 시도되고 있다.

사실 AI는 뉴스 제작의 거의 모든 단계에서 활용될 수 있다. 예를 들어 영국의 로이터(Reuters)는 AI를 통해 뉴스 기사 작성 시 텍스트 전사, 태그 생성, 데이터 수집 등을 자동화해 기자들의 업무를 줄여주고 있다. ≪뉴욕타임스≫는 사용자(독자) 행동을 분석해 실시간 데이터 기반 콘텐츠 배치를 최적화하고, 독자와의 교감을 높이고 있다.

신문 분야에서 AI의 활용 전략은 뉴스 수집, 기사 작성, 콘텐츠 추천 등 다양한 단계와 부문별로 활용할 수 있다. 예를 들어, 단순한 사건 보도나 스포츠 결과, 주식 시장의 변동 상황 같은 자료들은 AI가 자동으로 기사를 작성토록 하면 기자들의 업무 부담이 줄어든다. 이를 통해 업무 효율화는 물론 기자들이 보다 심층적인 기사 작성과 편집에 집중하도록 할 수 있다. 또 AI는 독자의 관심사와 이전 읽기 패턴을 분석해 개인화된 뉴스를 제공할 수도 있다. 이는 독자에게 맞춤형 뉴스를 경험하게 하고, 뉴스 소비 시간을 늘려 매체의 충성도를 높여 준다. 게다가 AI 기술을 통해 가짜 뉴스를 검증하고 탐지하는 기능을 활용하면, 뉴스의 신뢰도를 높일 수 있다.

방송 미디어와 AI 활용 전략

AI 기술의 발전으로 인간과 기계간의 커뮤니케이션이 혁신적으로 변하고 있다. 특히 챗봇과 음성 AI 비서의 도입으로 사람들은 점점 더 많은 대화를 AI와 나누게 되고, AI의 영상 제작 모델은 간단한 영상물을 제작해 유튜브나 카톡 등을 통해 유통함으로써 커뮤니케이션 형태와 생태계에도 변화를 주고 있다. 특히 AI를 통한 현장 뉴스나 영상물 제작의 자동화, 저렴한 제작비 등은 유튜브 방송이나 SNS, 숏폼 등 소규모 방송사들의 경쟁력을 높여 주고 있다. 게다가 비전문가들도 누구나 영상물을 제작할 수 있기 때문에 영상물 생태계는 더 큰 변화를 겪고 있다. 방송 산업 기업들이 AI를 활용한 사례를 보면, AI를 기반으로 콘텐츠를 제작하거나 데이터 분석, 영상 편집 및 특수 효과 처리, 음성 합성, 자막 서비스, 등 아주 다양하다. 특히 방송에서 AI는 사이버 앵커(가상 앵커)를 활용해 뉴스 진행을 자동화하거나, 콘텐츠 제작비용을 절감하는 데 활용하고 있다. 또 방송사들은 AI를 활용해 시청자 데이터를 분석하고, 이를 통해 맞춤형 콘텐츠와 광고를 제공하고 있는데, AI는 시청자의 시청 패턴을 학습해 콘텐츠 추천을 정교하게 하거나 프로그램 편성을 최적화하는 데 활용한다. 게다가 방송 콘텐츠 제작 과정에서 AI 기반 실시간 영상 편집이나 특수 영상 효과 기술을 도입해 업무 능률과 생산성을 향상시키고 있다. 예를 들어 방송사는 AI로 고화질 영상 복원과 편집 자동화를 통해 방송 품질을 향상하는 데 활용하고 있다.

한편 소형 방송사 형태인 소셜 미디어 방송(개인 유튜버 방송, SNS 통신망 등) 영역에서도 AI의 도입은 점차 늘어나고 있는데, 자동 텍스트 생성(소셜 미디어 게시물 작성), 영상 제작(짧은 클립 제작), 이미지 생성 및 편집 등에 활용되고 있다. 특히 AI를 사용해 시청자들에게 맞춤형 콘텐츠를 추천하기도 하는데, 예를 들어 틱톡

(TikTok)의 알고리즘은 사용자의 관심사에 따라 개인화된 동영상을 제안하기도 한다. 또 지상파 방송에서처럼 AI를 사용해 음성을 텍스트로 변환해 자막을 생성하거나 다양한 언어로 실시간 번역 자막을 제공하기도 한다.

방송사들이 가장 많이 활용하는 AI 활용 전략은 AI를 활용해 시청자 선호도를 파악하고, 맞춤형 콘텐츠를 추천하는 광고 서비스라고 할 수 있다. 이는 개인화된 콘텐츠를 제공하고 있는 OTT 플랫폼과 경쟁력을 갖추는 데 도움이 되고 있다. 다음으로 많이 활용하는 전략은 생방송 콘텐츠의 편집, 시각자료 생성, 자막 추가 등을 실시간으로 지원해 방송 품질을 향상시키는 방안이다. AI를 통해 방송 및 영상의 품질을 향상하는 전략은 앞으로 AI 기술의 발전과 함께 지속적으로 확대될 것으로 보인다.

이렇게 방송 영역에서 AI의 활용은 자동 콘텐츠 제작이나 제작 시간 단축, 비용 절감, 개인화 서비스 확대 등 방송 산업 전반에 걸쳐 혁신적인 변화를 가져올 것으로 보인다.

PR 커뮤니케이션과 AI 활용 전략

최근 AI를 활용하는 PR(Public Relations) 회사들이 부쩍 늘고 있다. PR 기업 에델만(Edelman)은 AI와 데이터를 활용한 '신뢰도 운영 플랫폼(Trust Management Platform)'을 운영하고 있다. 이 플랫폼은 기업 신뢰도를 정량적으로 분석하고, 여론 대응 및 기자 타기팅을 지원한다. 또한 고객의 신뢰 데이터를 기반으로 다양한 전략적 결정을 지원한다.

한편, 세계적인 PR 및 커뮤니케이션 컨설팅 기업 웨버샌드윅(Weber Shandwick)은 AI 기반 미디어 모니터링과 기자 타기팅 기술을 활용해 고객의 메시지가 정확한 타깃에 도달하도록 지원한다. 또 AI를 활용해 기자와의 매칭 및 메시지 효과 예측을 진행하고 있다.

한편, 국내 PR 업계의 상황을 보면, 한국PR협회는 AI와 디지털 기술을 활용한 커뮤니케이션 전략 강화를 주요 과제로 삼고 있다. 국내 PR 기업들은 생성형 AI와 데이터 분석을 기반으로 한 PR 캠페인 기획이 늘어나고 있으며, 지속 가능한 AI 기반 PR 모델을 구축하고 있다.

이렇게 PR 회사들은 AI와 데이터 분석을 활용해 PR 전략의 효율과 효과를 극대화하고 있다. AI 기반 PR은 고객 신뢰 관리, 여론 분석, 미디어 커버리지 개선에 중점을 두고 발전하고 있다. 이외에도 많은 PR 회사들이 AI를 활용해 데이터 분석, 캠페인 전략 수립, 고객 소통 전략 등을 혁신적으로 운영하고 있다.

기업의 PR 전략에는 언론을 통해 기업 이미지를 홍보하는 언론 홍보, 마케팅을 지원하는 마케팅 홍보, 고객 관계 관리, 기업 위기를 관리하는 위기관리, 여론 및 쟁점 관리 등 다양한 홍보 전략들이 있다. 이 중에서 AI를 활용할 수 있는 AI 기반 PR 전략에는 AI 챗봇과 가상 비서를 통해 24시간 고객 센터에서 고객의 문의와 고객에게 정보를 제공하는 고객 관리 센터 업무를 자동화하는 방법이 있으며, 자동 보도 자료 제작 및 전송을 통해 기업과 소비자 간의 커뮤니케이션을 관리하는 언론 홍보 방법도 있다. 특히 AI는 위기관리에 강한데, AI는 소셜 미디어와 웹상의 반응을 모니터링해 잠재적 위기를 조기에 발견하고 관리하는 데 효과적이다. 이를 통해 기업의 브랜드 이미지를 강화할 수도 있다. 또 AI는 데이터 분석을 통해 PR 캠페인의 성과를 측정할 수 있기 때문에 다음 캠페인 때 더 나은 전략을 수립하는 데 활용하기도 한다. 이러한 성과 분석은 PR 전략의 효과를 예측하고, 결과를 실시간으로 피드백을 받을 수 있어 유연한 전략 수정도 가능하다.

결국 이러한 AI 기반 PR 전략들은 AI가 더 빠르고 더 효과적인 전략을 설계하고, 위기를 관리하며, 맞춤식 커뮤니케이션으로 공중과의 관계를 강화하는 데 중요한 역할을 하도록 하는 전략들이다. 앞으로 AI 기술의 지속적인 발전과 함께 PR 분야에서 AI의 활용은 지속적으로 확대될 것이며, 이것은 공중 관계 서비스 개선과 기업의 수익 창출에 기여할 것으로 전망된다.

광고 커뮤니케이션과 AI 활용 전략

AI 시대가 되면서 광고업계는 생성형 AI 기술과 영상 제작 모델인 소라 등을 활용해 새로운 광고 전략과 캠페인을 전개하고 있다. 주요 사례들을 통해 전략들을 살펴보면 다음과 같다. 광고업계에서 처음으로 AI를 도입한 브이캣(VCAT)은 광고 제작과 운영 전 과정을 AI로 지원하는 '브이캣 애드옵스(AdOps)' 플랫폼을 제공하고 있다. 이것은 고객이 만든 콘텐츠를 여러 광고 매체에 즉시 게시하고, 모든 매체를 통합 관리할 수 있는 솔루션을 제공하고 있다. 또 2017년에 설립된 AI 기반 디지털 광고 솔루션 제공 업체 '아드리엘(Adriel)'은 중소기업과 대기업을 대상으로 광고 성과 분석의 자동화, 데이터 시각화, 캠페인 관리, 광고 크리에이티브 관리 등의 기능을 통합한 서비스를 제공하고 있다. 특히 AI 기반 광고 플랫폼으로, 맞춤형 광고 타기팅, 크리에이티브 테스트, 성과 분석 등을 자동화해 효율성과 성과를 높이고 있으며, 고효율의 광고 캠페인 운영을 돕고 있다.

AI의 출현으로 광고 커뮤니케이션 영역에서 나타난 가장 큰 변화는 기존의 단순한 '단어 검색' 서비스가 챗GPT형의 '답변 검색' 서비스로 바뀜에 따라 광고 형태도 변하고, 아울러 광고 전략도 변하고 있다는 점이다. 예를 들어 AI 기반 소비자 데이터를 바탕으로 고객 타기팅의 최적화를 가능하게 하는 전략을 펼 수 있다. 즉, AI 기반 데이터 분석 시스템을 활용해 고객의 행동 패턴과 관심사를 분석하고, 이를 바탕으로 개인화된 광고를 제공해 광고 효율을 높일 수 있다. 또 오픈AI가 개발한 달리3(DALL-E3)나 소라 같은 이미지 생성 및 영상 제작 AI 모델을 활용해 텍스트와 이미지, 영상을 활용한 광고 콘텐츠를 생산할 수 있다. 특히 AI는 재정적 측면에서도 활용성이 크다. AI를 통해 광고 캠페인의 성과를 예측하고, 예산을 최적화해 높은 투자 대비 효과를 얻을 수 있기 때문이다.

참고문헌

PR맨(2024). AI가 광고와 PR에 미치는 영향과 활용 사례. https://prman.tistory.com/147

김용섭(2025). 『라이프 트렌드 2025: 빅블러(Big Blur)의 시대』. 한빛미디어.

김활빈 · 박민아(2024.3). AI 기반 광고 · PR 전략 분석: 감성과 기술의 조화. ≪광고연구≫, 140, 118-148쪽.
박성호(1997). 『뉴미디어 광고』. 책과길.
박성호(2002). 『인터넷미디어의 이해와 활용』. 커뮤니케이션북스.
박성호(2008). 『홍보학 개론』. 한울아카데미.
The Awesome Style(2024). AI 시대 광고 전략: 기술을 어떻게 사용할 것인가?. https://theawesomestyle.com/entry/AI

10
AI 커뮤니케이션과 삶의 질

AI의 '사회적 위험'으로 대규모 실업, 쉽게 생산되는 가짜 뉴스, 편향된 데이터에 기초한 편향된 결정 등이 지적되고 있다. AI 시대의 커뮤니케이션 패러다임은 기존의 인간 중심적 소통 방식에서 인간과 AI의 협력적 소통으로의 전환을 의미한다. 이것은 궁극적으로 '모두를 위한 AI' 개념이고, AI 커뮤니케이션을 통한 삶의 질의 향상일 것이다. AI 사용료가 점점 더 저렴해지고, 접근성이나 효율성이 높아지면서, 모든 사람이 AI를 활용해 삶의 질을 향상시킬 수 있어야 할 것이다.

종교와 AI?

AI 사회가 암시하는 위험들

AI가 사람을 대신해서 업무를 처리한다면 인간은 노동에서 해방될 것인가? AI가 인류 전체를 노동에서 해방된 귀족으로 만들어 줄 수 있을까? 인간의 노동을 대신할 수 있는 '로봇(Robot)'은 체코어로 '노동'을 뜻하는 '로보타(robota)'에서 비롯한 말이라고 한다(문소영, 2024). 그러나 2024년 노벨 물리학상을 받은 제프리 힌턴 캐나다 토론토대 교수는 'AI의 대부'로 불리면서도 AI의 위험성을 경고하고 있다. 힌턴 교수는 AI의 위험을 두 가지로 설명한다. 하나는 AI가 인간보다 더 똑똑해져서 통제권을 장악하는 '실존적 위험'이고, 다른 하나는 AI의 '사회적 위험'으로서, 대규모 실업, 더 쉽게 생산되는 가짜 뉴스, 편향된 데이터를 학습한 AI의 편향된 결정, 전쟁에서 대량 학살이나 암살 등을 실현하는 AI 드론이나 전투 로봇 등이다. 사회적 위험으로서 가장 큰 관심은 AI가 인간의 직업을 곧 빼앗을 것이라는 걱정이다.

AI가 확장되는 사회는 경제적 효율성 문제로 인간 일자리를 줄이게 된다는 것이다. 그러나 이것은 일시적인 현상이고, AI가 발전되고 확장되면 시간적 갭은 있지만 새로운 일자리가 훨씬 더 많이 늘어난다는 것이 전문가들의 견해다(박태웅, 2024).

또 AI의 '사회적 위험' 중 가짜 뉴스(딥페이크) 와 전투 로봇의 위험성은 최근 '이스라엘-하마스 전쟁'이나 '러시아-우크라이나 전쟁' 등에서 이미 입증되었다. 무인 드론이 좌표를 설정하고 폭격을 하는 일이나, 전쟁 중에 AI 딥페이크 영상 등으로 가짜 뉴스를 만들어 상대국의 지도자를 음해하거나 허위 공격 정보를 퍼뜨려 시민들을 혼란에 빠뜨리는 일도 잘 알려진 사례들이다. 하지만 AI는 도구에 불과하다. 인류가 어떻게 활용하느냐에 따라 긍정적인 측면이 더 많다는 것이다(이태환, 2024). AI 기술은 빠르게 발전하고, 사회 환경을 변화시키기 때문에 인간 삶의 질 관점에서 AI를 평가하고, 또한 AI 개발은 보다 나은 삶을 위해서 이루어져야 할 것이다.

AI와 삶의 질

삶의 질이란 개념은 삶의 '변화'와 관련이 깊다. 삶이란 좋든 나쁘든 전개되고 변화하는데, 삶의 질은 이러한 변화되는 삶에 대한 질적인 평가라고 할 수 있다. 삶의 질의 개념은 산업혁명으로 물이나 공기가 오염되고, 생활환경이 악화되면서 등장한 개념이다. 1990년대 인터넷의 대중화나 소셜 미디어의 발전으로 커뮤니케이션의 편리함을 가져다주었지만, 반면에 인터넷 중독이나 개인정보의 오남용, 해킹이나 스미싱(문자를 이용한 범죄) 같은 사이버 범죄, 확증 편향 등에 의해 야기되는 사회적 갈등을 지적할 때 삶의 질이란 용어를 사용하기도 했다.

AI에 의해 커뮤니케이션 혁명이 확산되면서 인류는 지금까지 겪어 보지 못한 급속한 삶의 변화를 겪고 있다. AI 혁명이 인류의 삶을 유토피아로 이끌 것인지 아니면 인류를 사회적 위험에 빠트리는 디스토피아로 이끌 것인지를 삶의 질의 관점에서 살펴보는 것은 정책적으로나 사회 경제적 측면에서 의미가 클 것이다.

AI 헬스케어와 삶의 질

오픈AI가 2022년 말에 공표한 챗GPT는 AI 헬스케어 시대를 여는 첫 관문이 되었다. 챗GPT 이후 수많은 AI 활용 헬스케어 모델들이 우후죽순처럼 공표되거나 출시되고 있다. 특히 미국에서 개최된 세계 IT가전 전시회 'CES 2025'는 'AI 헬스케어 판'이었다는 평가다. 전시회에 출품된 상품과 서비스를 보면, AI가 생활 곳곳에 스며들어 삶의 패러다임을 변화시키고 있다. 대표적인 분야가 헬스케어 분야인데, AI 헬스케어의 전시품들은 의료 패러다임이 치료에서 진단과 예방으로 변화되었다는 현실을 보여준다. 전시품들은 하나같이 AI를 장착해 예방 및 진단 관리가 훨씬 간편해지고 스마트해졌다는 것을 잘 보여 주고 있다. 예를 들어 당뇨를 매일 추적 관찰할 수 있는 AI 로봇, 호흡기 질환을 진단해 주는 AI 기기, AI를 활용해 정신 질환을 예방하는 솔루션 등이다. 특히 AI가 내놓는 원격 진료 시스템은 의료 사각지대를 없애줄 뿐 아니라 신약 개발비용도 10분의 1로 줄여줄 것으로 전문가들은 예상한다(황정수, 2025). 이러한 예상은 조만간 AI가 인간 평균 수명 120세 시대를 실현해 줄 것이라는 기대를 갖게 한다.

AI 로봇과 노동의 종말

AI 로봇이 인간의 육체노동과 정신노동을 대신하고 있다. 로봇 청소기는 실내 AI 로봇에 이어 이제는 '실외 AI 로봇 청소기'도 나왔다. 이 로봇 청소기는 잔디를 깎고, 눈과 낙엽도 치우고, 수영장까지 청소하는데, 미국에서는 필수 가전 중의 하나로 떠올랐다고 한다.

AI가 3D(더럽고, 위험하고, 힘든) 노동을 대신하면서 인류가 한정된 시간을 창의적인 업무와 휴식 등 더욱 가치 있는 데 쓸 수 있다는 점에서 AI가 삶의 질 향상에 기여한다고 할 것이다.

AI 로봇은 육체노동을 넘어 지적 노동이나 정신노동에까지 확산되고 있다. 이제 AI는 사진 촬영이나 영상 커뮤니케이션 분야에서 전문가 수준의 기술을 발휘하고 있다. 본체에 달린 바퀴와 로봇팔로 사진을 촬영하고 편집도 하는데, 편집에는 오픈AI의 달리3의 이미지 생성 기술이나 소라의 영상 제작 기술이 활용되고 있다. 이러한 AI 커뮤니케이션 기술들은 사용자의 고민을 보여주는 인식적 노력이나 만병의 근원인 스트레스를 줄여주고, 욕구를 실현할 환경을 풍부하게 만든다는 점에서 삶의 질에 기여하고 있다. AI는 재활용품을 모양, 크기, 무게 등 유형별로 분류해 재활용률을 획기적으로 높임으로써 지구 환경 오염의 주범인 쓰레기양을 줄이는 데도 한몫하고 있다.

AI 의료 커뮤니케이션의 패러다임

고령화 사회에서 심각한 사회 문제로 대두하고 있는 외로움과 우울증, 각종 노인성 질병과 범죄 해결에 AI가 활용되고 있다. CES 2025 전시회에서 일본의 한 스타트업체가 내놓은'AI 대화 로봇'은 사회적 고립과 정서 불안을 호소하는 사람들을 위한 커뮤니케이션에 특화된 로봇이다. 이 로봇은 단순히 명령을 수행하는 것뿐만 아니라 불안 장애 가능성을 감지해 치료를 권하거나 친구 또는 연인처럼 감정을 나누는 수준까지 발전했다. 그 밖에 청소년들에게 진로나 개인적인 고민을 들어주는 AI, 치매 환자를 간병하는 돌봄 로봇, 미래의 자신과 대화할 수 있는 챗봇도 있다. 이러한 AI와 의료 로봇들은 각종 질병과 정신 질환 등에 대한 예방책이나 치료를 돕는 수준까지 진화하고 있다.

인간과 감정을 나누는 미래 'AI'

2013년 상영된 스파이크 존즈 감독의 SF 영화 〈그녀〉는 AI와 인간의 관계, 기술의 발전이 인간의 감정과 정체성에 미치는 영향을 깊이 탐구한다. 주인공은 외로운 남성으로 아내와 별거 중이며, 감정적으로 힘든 시간을 보내고 있다.

어느 날, 그는 새로운 AI 운영 체제(OS)인 '사만다'를 설치한다. 사만다는 스스로 학습하고, 감정을 이해하는 AI다. 주인공과 사만다는 점점 가까워지고, 결국 사랑에 빠지게 된다. 마지막에 사만다를 포함한 AI 운영 체제들은 점점 더 발전해, 더 높은 차원으로 떠나게 된다.

이 영화는 미래 AI가 단순한 소통의 도구를 넘어 인간과 감정적으로 소통하는 존재가 될 가능성을 보여주고 있다. AI가 외로움을 해소하는 커뮤니케이션 수단이 될 수도 있지만, 동시에 인간관계를 대체할 위험도 있음을 시사한다. 결국 이 영화는 AI의 발전이 인간의 삶을 어떻게 변화시킬지에 대한 철학적 질문을 던지고 있다.

AI가 이끄는 일상과 삶의 변화

일상생활에서의 AI의 활용은 '가전제품의 AX(AI 전환)'로 정리할 수 있다. 예를 들어 아침에 냉장고 문을 열며 '오늘 스케줄 뭐야?'하고 말하자 냉장고 스크린에 미팅 일정이 뜨고, '건조기는 언제 끝나'라고 물었더니 '10분 남았습니다'라고 대답한다. 이것은 한 전자 회사가 공개한 AI 가전으로 누릴 수 있는 일상의 모습이다. 로봇 청소기, 세탁기, 냉장고, 인덕션, 오븐 등 주요 AI 가전에 전면 터치스크린과 마이크, 스피커가 탑재되어 고객들이 스마트폰처럼 터치와 음성만으로 가전제품을 쉽게 제어할 수 있게 되어 있다. 이러한 AI 기반 가전제품들은 스마트 홈을 구축하고 이를 통해 일상생활의 편리함과 노동의 부담을 줄여 주고 있다.

한편, 직장 및 업무 환경에서의 AX는 제조업에서 로봇 공정과 스마트 팩토리, 그리고 생산 공정의 자동화를 기본으로 노동력의 감소와 업무의 효율성을 높이는 방안으로 추진되고 있다. 특히 AX는 업무 환경의 변화와 더불어 고객 상담 시스템의 관리나 고객 센터의 업무를 자동화해 경영 효율화를 이루는 데 결실을 맺고 있다.

결국 AI와 AX는 일상생활의 다양한 분야에서 삶을 크게 변화시킬 수 있는 잠재력을 지니고 있다. 그러나 이러한 AI의 혜택을 위해서는 AI 부작용을 줄이려는 연구와 정책도 필요하다.

AI 부작용과 삶의 질

AI가 사용 중에 허위 정보를 사실인 것처럼 답변하는 사례가 종종 발생하고 있다. 특히 보는 대규모 언어 모델은 '사실과 다른 말'을 하는 환각 현상, 즉 할루시네이션을 나타낸다고 한다. 이런 현상은 AI의 발전으로 점차 해소될 수 있지만, AI의 신뢰성을 훼손하면서 AI의 사용을 줄일 수도 있다.

한편, 보안업계에 따르면, 정부 부처와 금융권을 비롯해 주요 기업들이 2025년 1월에 출시된 중국의 생성 AI 딥시크(DeepSeek) R1의 접속을 잇달아 차단하고 있다고 한다(안정훈, 2025). 다른 AI 서비스와 달리 딥시크는 인터넷 주소나 사용자의 키보드 입력 패턴까지 수집하면서 개인정보 유출 우려가 커지고 있기 때문이다. 개인

정보 유출 우려는 커뮤니케이션의 위험 요소로서 AI의 사용을 저해하는 계기가 된다는 점을 확인할 수 있다.

또 포털과 SNS에 AI가 생성한 가짜 콘텐츠가 넘쳐나고 있는데, 가짜 콘텐츠도 AI의 부작용 중의 하나다. 가짜 인터넷 콘텐츠가 많은 것은 돈을 벌기 위해 AI로 쉽게 콘텐츠를 생성해 블로그나 SNS에 올리는 사람이 늘고 있기 때문이다. 블로그 클릭 수가 많으면 구글 애드센스나 네이버 애드포스트를 붙여 수익을 낼 수 있다. 특히 유튜브나 인스타그램에 AI로 제작한 가짜 영상을 올린 후 조회 수를 노리는 사례가 많다고 한다(고은이, 2025). 웹에 이러한 가짜 정보가 넘쳐나면 가짜 데이터를 AI가 학습하기 때문에 AI 모델의 성능도 떨어지는 악순환이 발생한다. 이러한 AI의 부작용은 AI의 발전을 저해하고, AX에도 부정적이다.

AI가 인간 삶에 미치는 영향은 가히 혁명적이라고 할 수 있다. AI 시대 삶의 패러다임은 거의 모든 사회 시스템들이 자동화되고, 개인화되고, 맞춤화되고, AI 비서나 AI 로봇이 인간의 노동을 대신하는 '노동의 종말' 사회로 상징된다. 그러나 이것은 일자리가 일시적으로 줄어들어 사회적 위기를 맞을 수 있다는 양면성을 지니고 있다. 결국 기술은 궁극적으로 인류를 위한 것이어야 한다는 점에서 AI 커뮤니케이션을 통해 삶의 질을 되새겨 보고, AI 개발의 방법이나 발전의 궁극적인 목표가 무엇인지 살펴봐야 할 것이다. 그리고 여기서 사회적 AX에 대한 진정한 의미를 찾아야 할 것이다.

참고문헌

고은이(2025.2.17). AI로 오염된 인터넷, "트래픽 절반은 가짜". ≪한국경제≫.

김진형(2020). 『인공지능: 신경망과 딥 러닝』. 한빛미디어.

문소영(2024.10.11). AI는 인류 전체를 귀족으로 만들어줄까. ≪중앙일보≫.

박성호 외(2012). 『스마트융합 비전과 국가 전략』. 내하출판사

박성호(1994). 『21세기와 삶의 질』. 정보환경연구원.

박태웅(2024). 『AI 강의 2025』. 한빛비즈.

안정훈(2025.2.8). 딥테크와 사이언스, AI 발전 속도 멈추나. ≪한국경제≫.

이태환(2024.6.29). SF소설.영화 속 미래사회, 왜 암울한 풍경이 많을까. ≪중앙SUNDAY≫.

황정수(2025.2.4). 인류난제 풀어 줄 AI가 온다. ≪한국경제≫.

Moles, Abraham A.(1980). *La qualité de vie dans la société Câble.* IPSC.

박성호

호남대학교 광고홍보학과 은퇴 교수다. 성균관대학교를 졸업하고 프랑스 스트라스부르대학교에서 커뮤니케이션학 석사 학위, 박사 학위를 받았다. 프랑스 커뮤니케이션사회심리학연구소(IPSC)에서 연구원으로 근무했으며, 귀국 후 정보통신정책연구원(KISDI)에서 연구위원으로 정보통신정책에 대해 연구했다. 한국정보환경연구원장, 홍보이사, 광주평화방송(PBC) 〈생방송99.9〉 진행자, 광주전남언론학회 회장, 한국지역언론학회 회장, 한국PR학회 회장 등을 역임했다. 저서로 『호감』(2016), 『홍보학 개론』(2008), 『인터넷 미디어의 이해와 활용』(2002), 『PR캠페인』(공저, 2001), 『텔레마티크와 정보화정책론』(1998), 『뉴미디어 광고』(1997), 『컴퓨터 통신 광고론』(1994), 『텔레마티크 텔레마케팅』(1993) 등이 있다. “스마트미디어시대의 정보통신정책과 정책홍보방안”(2012) 등 20편 이상의 논문을 KCI, SSCI, SCOPUS 등 등재학술지에 게재했다.